数字图书馆新媒体服务研究

龚娅君　著

国家圖書館出版社

National Library of China Publishing House

图书在版编目(CIP)数据

数字图书馆新媒体服务研究/龚娅君著. --北京:国家图书馆
出版社,2016.2
ISBN 978 - 7 - 5013 - 5784 - 0

Ⅰ.①数… Ⅱ.①龚… Ⅲ.①数字图书馆—图书馆服务—研究
Ⅳ.①G250.76

中国版本图书馆 CIP 数据核字(2016)第 019539 号

书　　名	数字图书馆新媒体服务研究
著　　者	龚娅君　著
责任编辑	王　雷

出　　版　国家图书馆出版社(100034　北京市西城区文津街 7 号)
　　　　　　(原书目文献出版社　北京图书馆出版社)
发　　行　010 - 66114536　66126153　66151313　66175620
　　　　　　66121706(传真),66126156(门市部)
E-mail　nlcpress@ nlc. cn(邮购)
Website　www. nlcpress. com ──→投稿中心
经　　销　新华书店
印　　装　北京科信印刷有限公司
版　　次　2016 年 2 月第 1 版　2016 年 2 月第 1 次印刷

开　　本　787 毫米×1092 毫米　1/16
印　　张　9.5
字　　数　220 千字

书　　号　ISBN 978 - 7 - 5013 - 5784 - 0
定　　价　48.00 元

目　　录

前　言

　　作为公共文化服务重要组成部分的图书馆事业,其发展依赖于在原有业务模式基础上不断创新服务方式、扩大读者群体。图书馆作为信息的集散中心,将纷繁、复杂、无序的信息进行有序加工并最大限度地推送给读者应是其核心功能。近年来,随着信息网络更加普及并日趋融合,广泛应用、高度渗透的信息技术正孕育着新的重大突破,信息资源日益成为重要的生产要素和社会财富。作为图书馆事业发展的重要阶段,数字图书馆也正是在这种时代背景下应运而生。全国公共图书馆借此机遇全面建设图书馆服务新业态,充分发挥图书馆事业在公共文化服务体系建设中的支柱性作用,是业界面临的重要任务。公共图书馆的阅读服务已不再局限于馆舍之内,而是要充分利用网络和新媒体信息平台延伸到社会各个角落,特别是家庭数字文化当中。以当前多元化的新媒体媒介形态为传播渠道,发挥图书馆自有的资源优势,搭建全国公共图书馆数字阅读平台,面向公众提供数字文化资源与知识信息,是新形势新环境下促进公共图书馆特别是数字图书馆服务全面发展的良好机遇和有利契机。

　　我国《2006—2020 年国家信息化发展战略》提出,当前网络化公共服务能力显著增强,网络成为先进文化传播的重要渠道,社会主义先进文化的感召力和中华民族优秀文化的国际影响力显著增强。因此要不断加强公益性文化信息基础设施建设,完善公共文化信息服务体系,同时增强文化产品供给能力,加快文化信息资源整合,将文化产品送到千家万户,丰富基层群众文化生活。在此基础上,公共图书馆利用新媒体媒介作为有效平台面向全国公众提供数字阅读服务,结合不同地区和不同需求的用户特点,借助统一集成播控平台多管齐下,对文化资源进行充分开发与展示,将有利于全国各级公共图书馆形成合力,以立体化、全方位的数字文化服务为国内外读者用户随时随地提供所需的高质优秀的数字信息资源内容。同时,全国各级公共图书馆间的紧密合作,也将促进覆盖全国的公共数字文化服务体系构建,对提升我国公共数字文化的影响力与主导力具有重要推动作用,从而使得以新媒体技术为支点的全国数字图书馆服务成为我国公共文化服务的新亮点。

　　在国家数字图书馆建设成果逐步凸显之际,本书作者经与国家图书馆副馆长魏大威先生一起策划和统筹,结合国家数字图书馆建设实践,借助国家文化科技提升计划“文化数字资源唯一标识符体系的研究和建设”课题研究成果,对利用文化数字资源唯一标识符,创新数字图书馆新媒体服务手段和多元化传播方式进行了深入研究和探讨。本书将成为全国数字图书馆提升资源服务能力、实现全国范围内数字文化资源共建共享的理论与实践参考。

第一章　数字图书馆新媒体服务的概念界定

第一节　基本定义

一、新媒体

新媒体(New media)概念是1967年由美国哥伦比亚广播电视网(CBS)技术研究所所长戈尔德马克(P. Goldmark)率先提出的。新媒体是相对于传统媒体而言的,是传统媒体以后发展起来的新的媒体形态,是利用数字技术、网络技术、移动技术,通过互联网、无线通信网、卫星等渠道以及电脑、手机、数字电视机等终端,向用户提供信息和娱乐服务的传播形态和媒体形态。严格来说,新媒体应该称为数字化媒体①。

美国《连线》杂志对新媒体的定义是:"所有人对所有人的传播。"②

美国俄裔新媒体艺术家列维·曼诺维奇认为,新媒体将不再是任何一种特殊意义的媒体,而不过是一种与传统媒体形式没有关联的一组数字信息,但这些信息可以根据需要以相应的媒体形式展示出来③。

康涅狄格州在线媒体顾问、资深媒体分析师文·克罗斯比的定义为:新媒体就是能对大众同时提供个性化内容的媒体,是传播者和接收者融合成对等的交流者,而无数的交流者相互间可以同时进行个性化交流的媒体④。

对于"新媒体"一词的认识,既可以从语义学的角度来探索,也可以从形式逻辑学中关于概念的内涵和外延两个方面来考察。从语义学的角度来看,"新"一般用来描述与传统的、旧的、落后的事物不同或者更先进的和最近出现的事物。而"媒体"一词,按照传播学奠基人威尔伯·施拉姆的界定,它具有两层含义:第一层是指信息传递所借助的具体媒介,如报纸、电视等;第二层是指信息发布的机构。但是随着科技的发展,媒介越来越被定义为技术性媒介,即能够拓展传播渠道、扩大传播范围、提高传播速度的一项科技发展,或者说是这些方式得以实现的技术形式(如电视机、报纸、影片等)。可见,"媒体"一词越来越被专有化、特指化。从而"新媒体"的含义也被用来仅仅指新的信息载体,而不再涉及媒体机构。相对于报纸、广播、电视、杂志四大传统意义上的媒体,新媒体被形象地称为"第五媒体"。

新媒体具有交互性与即时性,海量性与共享性,多媒体与超文本,个性化与社群化的特征。新媒体改变了受众被动接收的地位,传播形式从单向的传播转向了多向的互动的传播。

---

① 百度百科. 新媒体时代[EB/OL]. [2014 - 10 - 09]. http://baike. baidu. com/link? url = d4S_m_MfTrOEidGkF898fwoheBIQMdqGbl3sedVRLfHi0aTm8ziYTHDNIm8R9qAPDUrjCFr5LwFUHe1_uh2AR.

② 百度百科. 新媒体[EB/OL]. [2014 - 10 - 09]. http://baike. baidu. com/link? url = 1bVQ7D_IK2y3B27jlLOn0uRZWSywH89bEcApr5rxc83SxHC6NoA7Z3Ukwf2h0g8V A_1 cOya9KNAdj-wdXLYR0B1w4n-8iltBW8Oo8g CqIrIsRyDtQn5ppbJpR_dHAUEG.

③④ 景东,苏宝华. 新媒体定义新论[J]. 新闻界,2008(3).

这种本质性的改变同时也改变了社会固有的传播和交流的方式。新媒体是能对大众同时提供个性化的内容的媒体,使得传播者与受众之间可以直接进行交流,受众与受众之间也可以相互传达信息的个性化媒体。

新媒体的优势体现在:传播与更新速度快;成本低;信息量大,内容丰富;低成本全球传播;检索便捷;多媒体传播;超文本;互动性。

二、数字图书馆

自从第一台电子计算机诞生以来,有识之士便热衷于讨论这样一个设想:对现有的传统图书馆可以起到补充、加强功能作用的,甚至最终可以取而代之的计算机化的图书馆。早在1945年,Vannevar Bush 便发表了关于 memex 的设想①,人们至今还将之称为最早将计算机用于情报检索的设想。memex 虽然只是一个以缩微制品为基础的机械设备,但 Bush 的先见之明"关于超文本(hypertext)的设想",对后人的影响则是意义深远的。如今计算机协会(ACM)数字图书馆会议所设的唯一大奖便是以 Bush 命名的奖。50 年代,传统图书馆开始了其自动化的漫长历程,首先是将穿孔卡片用来自动处理图书馆业务操作流程,之后又随计算机技术的发展而逐步建成计算机化图书馆集成系统。1965 年,Licklider 将全计算机化的图书馆命名为"未来的图书馆(Library of the future)"②。10 年以后,1978 年,Lancaster 发表了轰动一时的"无纸的图书馆"的预言。同样在 70 年代,Ted Nelson 在 1974 年发明并命名了"超文本(hypertext)"和"超空间"(hyperspace)概念③,他曾涉猎定义与结构等问题,但未曾真正建立起一个可运作的系统。进入 80 年代,我们又看到了诸如"电子图书馆""虚拟图书馆""没有围墙的图书馆"等新的名称④。90 年代兴起的"数字图书馆"一词,起源于 1993 年的美国并迅速被计算机科学界、图书馆界以及其他各领域所采纳。数字图书馆应该是这样的图书馆,它的馆藏以数字格式存储,并可通过计算机读取⑤。在信息对象分布式存储的环境下,需要促成信息对象与信息用户之间的信息传达,数字图书馆就是一个提供这种功能的实体。这种功能性包括:获取、发布、传递、保存、个性化服务等。DELOS 将数字图书馆定义为:可能是一个虚拟的组织,它综合负责收集、管理和长期保存丰富的数字内容,并依据已有政策,向其用户群体提供相当品质的,针对数字内容的专门服务功能⑥。

三、数字图书馆新媒体服务

1995 年,马里兰大学图书馆提出了建立"泛在图书馆"的理念,即指可以随时随地获取

---

① Bush Vannevar. As We May Think. [EB/OL]. Atlantic Monthly,1945,176[2012 – 10 – 21]. http://www. isg. sfu. ca/ ~ duchier/misc/vbush/.

② Licklider J. C. R. Libraries of the Future[M]. Cambridge,Mass: M. I. T. Press,1965.

③ Nelson Theodor H. Computer Lib[M]. Chicago:Nelson,1974.

④ Harter Stephen. What is a Digital Library? Definitions,Content,and Issues[C]//KOLISS DL96:International Conference on Digital Libraries and Information Services for the 21st Century,September 10 ~ 13,1996,Seoul,Korea.

⑤ Greenstein Daniel I. The Digital Libraries:A Biography[J]. Digital Library Federation,2002.

⑥ L. Candelaetal: The DELOS Digital Library Reference Model-Foundations for Digital Libraries. Version 0. 98,February 2008[OL][2014 – 03 – 15]

信息服务的图书馆,是通过计算机、掌上电脑、手持阅读器、高清电视盒、手机等通信设备将图书馆信息服务嵌入大众日常生活和工作中的一种全新信息交流环境。2006年,南佐治亚大学图书馆提出"建立21世纪的泛在图书馆",并得到业界的广泛关注和积极响应。此后,新媒体开始应用于图书馆服务,在很短的时间内就完成了从理论研究到实践的应用。欧洲、美国、日本、澳大利亚等国图书馆纷纷开通手机、数字电视、触摸屏和电子阅读器服务。2009年8月,日本索尼公司与美国许多公共图书馆达成协议,推出了新的图书馆内容搜索服务"Library Finder"。用户不仅可以利用搜索引擎查找当地公共图书馆的电子书和其他数字内容,还可以持这款阅读器在美国各地图书馆直接下载电子书。

国内研究领域也积极扣紧时代脉搏,对相关内容的研究大致分为三个方面:一是研究新媒体环境下大众阅读的发展变化,主要以暨南大学周婕的硕士论文《新媒体时代的大众阅读方式研究》为代表,还包括《新媒体时代数字化阅读的审视》(朱思渝、史雯)、《数字传媒语境下的大众阅读形态及衍生趋向猜想》(贾举)、《浅论大众传媒时代大众阅读方式的变迁》(刘红梅)等文章;一是研究新媒体技术在图书馆的应用,代表文章是《数字图书馆的新媒体服务》(孙一刚、魏大威),另外,还有《新媒体信息传播技术在图书馆的应用与发展》(金英玉)、《新媒体视阈下图书馆服务的整合营销传播》(李朝晖)、《新媒体在图书馆服务推广中的应用》(张文彦)等;兼具以上二者的是《新媒体时代的大众阅读与公共图书馆对策》(海胜利)、《新媒体时代的国民阅读与图书馆工作》(熊冰)、《公共图书馆如何应对新媒体迅速发展的挑战》(安锦)等。同时还有华东师范大学邓香莲博士的国家社科基金青年项目"新媒体环境下阅读引导与读者服务的协同推进研究",并发表阶段性成果文章《新媒体环境对阅读的影响》。上述文章或从单方面加以阐述,或只涉及领域的扩展但缺少延伸,而且大多是期刊文章,篇幅较为短小,对论述信息技术的发展给阅读行为带来的深刻变革,以及作为肩负公共文化服务与引导职能的公共图书馆业,如何改变原有的适应传统媒体与纸质文献的图书馆服务模式,扩展为数字化与网络化背景下资源建设成熟化、服务方式多样化的新型图书馆服务模式,顺应瞬息万变的信息技术进步并引领知识学习趋向,充分发挥图书馆公共文化服务职能等问题上还略显单薄。笔者认为数字图书馆新媒体服务应该因此建立在数字技术和网络技术基础之上、以多媒体作为信息的呈现形式、具有全天候和全覆盖性的特征,并呈现出媒介融合和服务创新性。

四、泛在知识环境

泛在知识环境(Ubiquitous Knowledge Environments,简称UKEs)是指由网络设施、硬件、软件、信息资源与人等有机组成的新一代科技知识基础结构,是未来知识型社会的一种综合的、全面的数字化信息基础设施。它是通过计算、存储和通信方面的最大便利,使人、数据、信息、工具与设备等资源更为完全彻底地发挥作用而构建的一种普遍的、综合性的知识环境。

泛在知识环境的提出,源于2003年1月由美国密歇根大学DL项目负责人丹尼尔·阿金斯所带领的"蓝带委员会"向美国国家科学基金会(NSF)提交了一份名为 *Revolutionizing Science and Engineering Through Cyberinfrastructure*(《网络基础设施变革科学与工程》)的报告。报告分析了新的背景下美国国家信息基础设施(NII)所面临的挑战,并提议NSF建立一项大规模的交互的全球合作的"Advanced Cyberinfrastructure Program"(ACP)。ACP致力于构建以协同平台、共享资源、虚拟组织为主要特征的知识环境,数字图书馆发展研究为知识的创造、共享与应用提供基础保障。UKEs 的产生与发展已经成为一种必然趋势,而促成这一趋势的因素主要包括知识经济时代的到来、信息技术的迅猛发展、用户需求的日益深化、多元 E 环境的形成等①。

第二节　需求调研

一、用户界定

(一)从传统图书馆用户到新媒体用户

用户是图书馆工作中一个最活跃、最重要的元素,是图书馆信息服务工作存在和发展的前提,用户需求决定用户行为并直接影响着图书馆信息服务的内容,成为当代图书馆存在与发展的内在动力,图书馆服务的终极目标就是满足用户的需求②。

随着信息技术的发展,图书馆用户进入了一个新媒体时代,在新媒体技术服务环境下,由于用户的信息环境发生了重大的变迁,用户需求呈现出新的特点,进而带来了传统图书馆信息用户行为的改变,也促成了图书馆服务导向的变化。新媒体技术服务的开放性、实时性等特点打破了传统图书馆用户服务瓶颈,为图书馆的用户服务赋予了新的内容与含义。用户不再受到时空限制,图书馆服务呈泛在化趋势,不但用户群体得到了极大拓展,服务方式也逐渐由传统的用户被动接收转变为信息主动获取、个性化获取。

从传统图书馆到新媒体图书馆,变化的是服务方式,不变的是服务宗旨。建设数字图书馆是为了更好地发挥图书馆的职能,为用户服务,而用户对数字图书馆的利用又是建设数字图书馆的重要依据。研究用户信息行为和规律,可以有效地进行用户群划分,了解用户需求的特点,从而使图书馆建设目标更加明确,减少甚至避免人力、物力、资金的浪费。同时有助于指导用户服务工作的实践,有利于及时调整和改善信息服务方式,使信息服务的开展更具针对性和主动性,提升数字图书馆的使用效率。

(二)新媒体技术服务用户群划分

新媒体技术的出现,带来了图书馆用户群的变化,通过对新环境下用户群的分类,深入研究用户需求,对于未来开展针对性服务有着重要的意义。

根据当前主流的新媒体技术,可对用户群做以下划分:

1. 互联网用户

互联网,即广域网、局域网及单机按照一定的通信协议组成的国际计算机网络③。目前广义的互联网用户指的是自 20 世纪 90 年代互联网进入商用以来使用国际通用协议获取资源、共享信息的用户,作为推动当今世界经济发展和社会进步的重要信息基础设施,互联网通过短短几年的发展,其用户的数量呈直线上升,根据国际电联最新发布的数据显示,目前世界范围内共有 32 亿人在使用互联网④。数据表明,互联网是今后社会发展的方向所在,宽

---

① 姜永常,金岩.泛在知识环境的产生机制与发展趋势[J].情报杂志,2009,28(7).

②③ 百度百科.互联网[EB/OL].[2015－09－09].http://baike.baidu.com/view/6825.htm.

④ 世界 32 亿人在使用互联网[J].广播电视信息,2015(6).

带接入已成为主要的上网方式。可以预见,随着未来相关技术的进一步成熟,互联网将渗透到世界的每个角落,而互联网用户可以随时随地享受科技发展带来的精神食粮。

2. 移动用户

移动终端包括手机、平板电脑、电纸书等手持终端设备,主要提供移动阅读和信息交互功能。由于手机等移动终端的普及性并能突破时空限制,因此,此类用户是所有新媒体用户中比例最大的群体。移动终端用户偏年轻化,追求新鲜事物,对服务质量和服务体验常常有着较高的要求。

3. 触摸屏用户

触摸屏是一种非常直观、自然、简单、方便的信息查询输入设备,在人机交互控制下,它可以让读者尽情畅游所设置的应用软件,查询和获取各种感兴趣的信息。触摸屏的设计特点定位于体验性服务,不适合深阅读。因此,使用触摸屏终端用户在获取信息上往往更具随意性,在大屏幕前动动手指翻报看视频,既提供休闲功能又含有一定的知识性。

4. 数字电视用户

电视的新媒体转型首先表现在功能的转型,它利用数字技术,使用数字语言向非线性传播转变。它的播出流程是非线性、双向互动的,满足用户对媒体灵活和开放性的要求,实现了传播的双向性特质①。数字电视的用户群除习惯于传统电视服务的用户外,由于功能上的扩展也将吸引新的用户加入。作为信源的电视台通过观众的反馈来改进传播方式,更好地满足受众的需求。

根据新媒体服务上的特点,又可对用户群做以下划分:

1. 享受个性化服务的用户

个性化是新媒体时代的核心特点之一。随着技术的进步,以用户需求为导向的服务理念得以更好地实现,也使得追求信息服务的个性化、定制化成为可能。享受个性化服务的用户可以通过新媒体终端订阅各种感兴趣的信息,打造个人移动图书馆,完全按自己的需求获得服务。

2. 高主动性、多选择性用户

在传统媒体一统天下的鼎盛时期,传播的效果似乎是无坚不摧的,但随着数字技术的快速发展和新媒体的不断涌现,信息和"噪音"越来越多,因此用户对于接受准确信息的主动性要求越来越高。同时从技术层面讲,新媒体里,人人都可以接受信息,人人也都可以充当信息发布者,用户可以一边读书,一边播放音乐,同时还参与最佳图书的投票评选,还可以对信息进行检索,这样就打破了传统媒体的局限,充分满足了用户细分需求的需要,与传统媒体的"主导受众型"不同,新媒体是"受众主导型"。用户可以有更大的选择性和主动性,可以自由阅读,可以放大信息。

3. 全时全域用户

此类用户对于使用媒体的空间和时间要求较为宽泛,希望在何时何地都可以享受便捷的服务,而新媒体全时和全域传播性恰恰可以满足此类用户的需求。只要有合适的设备和传输信号,用户便可以在信息传播的定时、即时、实时、全时 4 个发展阶段随时接收和发布信息。

---

① 于晗.基于数字技术的电视新媒体转型[J].今传媒,2011(1).

按照用户地域,又可以划分为:

1. 馆内用户

可以亲身到图书馆来实现信息需求的用户。这与传统图书馆的用户性质基本一致。但其信息需求的内容与实现方式与传统图书馆用户有很大的不同。

2. 远程用户

不能亲身到图书馆来,借助数字图书馆提供的网络信息服务平台,通过远程访问、登录来实现信息需求的用户。数字图书馆的数字化信息资源是知识产品,受知识产权保护,利用这些信息资源必须得到同意或授权。

同时,数字图书馆也是公共信息提供场所,所以数字图书馆也会有选择地将部分数字信息资源公开和免费使用。因此从授权角度看,数字图书馆用户范畴包括:

1. 借阅证用户

是指具有数字图书馆借阅证的用户,这些用户既可以借阅本馆的印刷型文献,也可以登录、访问、利用本馆的各类数字信息,如馆藏书目数据、各类型数据库等。

2. 被授权用户

经数字图书馆同意或付费后取得授权的用户。通过用户密码认证,登录图书馆的网络服务平台,实现信息需求。馆内用户和借阅证用户通常都是被授权用户,而被授权用户则不一定是前两者。

3. 未授权用户

未经授权,只能查阅、访问数字图书馆公开和免费提供的数字化信息。大多数的远程用户是未授权用户,部分远程用户经过授权,可以成为被授权用户。

数字图书馆用户类型,按照不同的标准去划分,可以有很多种类,如依不同职业或工作性质,有科研用户、教师用户、学生用户等;依组织形式,有个人用户和团体用户。

综上,新媒体技术服务是个庞大而具有潜力的服务形式。以网络为基础,内容、平台、终端有机而紧密地结合在一起,突破了时空地域的限制,让图书馆服务无处不在,无时不在,任何人都可以自由地成为图书馆用户,享受图书馆服务,其覆盖范围之广,将远远超越传统的用户群体。

二、用户行为分析

(一)用户行为分析

阅读是人类世界特有的文化传播活动,是传承文明、更新知识、提高民族素质的基本途径。当今世界,随着技术的进步和网络的普及,人们的阅读方式和阅读习惯正在发生深刻变化。在没有互联网之前,传统式的深阅读传承几千年,人们对纸质媒体保留着敬畏。而快速发展的互联网逐渐改变了人们的传统深阅读习惯,电子阅读、网络阅读等浅阅读成为一种时尚。有两个数据可以说明这个问题,一是在 2009 年,中国数字出版产值首次超过纸质出版产值,网络出版、电子出版等新的品种从总量上已经超过了传统出版物。二是用户的电子阅读、网络阅读数量已经跟传统的纸质阅读数量持平,也就是说用户阅读方式正在发生巨大变化①。2015 年第 12 次全国国民阅读调查报告显示,我国成年国民的数字阅读方式接触率为 58.1%②。

(二)用户行为动机

用户是数字图书馆建设的出发点,也是图书馆赖以生存和发展的基本条件之一,最大限度地满足用户的信息需求,是数字图书馆追求的目标,也是检验其成效的关键。因此如何让用户充分认识和使用上述服务功能,让潜在的用户成为真正的用户,这都依赖于我们对用户的了解。只有树立以用户为中心的思想,了解用户的动机和行为,才能从为用户服务的角度来提高服务质量。

互联网的发展改变了传统的阅读方式,阅读方式的改变又带来了新媒体及与其逐渐融合的数字图书馆服务功能的进一步强化。与传统图书馆相比,新技术环境下的数字图书馆的信息检索、信息传递、信息咨询、用户教育、特色资源展示等服务功能提升了图书馆的使用效果和利用率,同时满足了用户日益增长的阅读形式及内容的需要。

与传统图书馆用户相比,新技术环境下的数字图书馆用户对信息专业性要求较高,一些用户使用数字图书馆是为了完成学术研究,需要的信息专业性高、系统性强,这就要求数字图书馆能够提供更具有学术价值的信息资料给用户。

另外有的用户对获取信息资源的全面性要求较高,网络中存在许多"看不见"的网站,"看不见"的网站是指可以在互联网上获取的质量高的权威信息,但不能被通用搜索引擎的网页索引的网站③。这部分资源主要是搜索引擎很难挖掘的数据库中的信息,但这部分"看不见"的信息是拥有大量价值的数据和专业信息和文献。这就要求数字图书馆提供分类层次结构的信息门户,具有特定主题或类别信息的导航系统,而且提供提高用户信息素养的教程,即指导用户怎样获取有价值的信息。

还有一些用户对获取信息资源的准确性要求较高,目前,用户使用数字图书馆进行查询,往往是输入一个关键词,但会得到很多记录,其中包括许多歧义信息和完全不匹配的信息,这就要求数字图书馆对存储的信息进行良好的组织,合理分类和整理,确保用户能够准确和全面地获得所需要的信息。

(三)用户行为特点

数字图书馆的用户为解决实际问题而产生了信息需求,其最终变化发展为信息行为。数字图书馆的用户信息行为符合一般的信息行为规律:(1)遵循齐夫最小努力原则,即用户都倾向于易于查寻、易于接近的信息,而容易忽视其他有用信息。(2)遵循穆尔斯定律,即一个信息检索系统如果用户获取信息比不获取信息更费心、更麻烦,这个信息系统就不会得到使用。(3)用户的信息行为受行为主体内、外部众多因素的影响和作用。信息源提供服务的方便程度、信息的质量、时效性等是用户利用信息时重要的考虑因素④。

---

① 张佩珍.电纸书的发展与图书馆服务的创新[J].图书馆学刊,2011(1).

② 中国国民阅读调查:数字化阅读率首次超过传统阅读[EB/OL].[2015－04－20].http://www.chinanews.com/cul/2015/04-20/7219907.shtml.

③ 高静.互联网信息资源的开发与利用——看不见的网站[J].科技情报开发与经济,2007,14(17).

④ 黄晓斌,朱俊卿.数字图书馆用户的心理研究[J].图书馆学研究,2006(1).

三、用户需求分析

新媒体的出现逐渐改变着用户的行为,并渗透到用户的日常生活当中。新媒体技术服务环境下,用户对信息资源的需求在载体类型上不再局限于单一的印刷型资源,而是向多媒体化转变;在资源的获取渠道上不再局限于图书馆传统的文献借阅服务,而是通过计算机网络、数据库等多元化的信息空间来获取资源;用户不再只追求被动的接收信息,更希望创造信息、反馈信息;新媒体终端功能的丰富也改变了用户信息检索和借阅的方式,足不出户也能顺畅地利用图书馆。

用户需求促进技术变革,新的服务也创造出新的用户需求。新媒体自身的便携性、交互性、即时性、精准性等特点将图书馆服务带到了一个新的时代,用户新需求也随之产生。

(一)多元化、个性化、定制化需求

经过了纸质传播时代和电子传播时代,我们目前正处于数字传播时代中①。从技术层面上讲,这三个时代是科学进步的三次飞跃。而从用户需求的层面上来讲,三个时代反映了人们的生存态势对媒介与信息需求的不同程度。在数字信息时代,读者对信息的需求表现出前所未有的多元化、个性化,以往所有读者同看一张报纸的时代已经一去不复返了。

图书馆用户不仅希望能接收到声音、图片、动画、文字甚至力量、气味、滋味等多样信息,而且还希望在与信息源的互动中参与信息的加工和提供,并且需要能随时随地参与传播过程。网络媒体、平板电脑、数字电视、手机媒体等新媒体形式正好能够满足这种多元化的信息需求。新媒体终端实现了随时随地接收信息并参与互动的可能(例如手机报、手机短信等)。同时,在未来的信息传播中,大众传播的受众往往只是单独一人,所有信息都变得可以订阅,信息变得极端个人化。

面对无数个性化的受众需求,传统媒体由于版面、时段、频道的限制不可能提供满足所有受众需要的信息,但是,利用新媒体的海量性、非线性特性,用户可以根据自身的兴趣或独到的创意,通过数据库编排出属于自己的信息,从而使单一的、个人化的传媒内容消费成为可能。数字新媒体技术服务的出现,使根据个体或某个同质的局部群体的个性化需求定制产品和服务的时代正在逐步取代整个社会只消费一种型号产品的大众化消费时代。

(二)交互性需求

交互性是新媒体技术服务的重要特性之一。交互性的出现起源于互联网,它改变了传统媒体下只能被动接收信息的局限,不但丰富了信息获取的效率,通过丰富的可交互的应用程序,实现了诸多线下服务,极大地提高了服务的质量。

新媒体技术与互联网的结合,已经使得移动终端功能从开始的简单通话功能发展到现在的融上网、摄像、看电视、听歌曲、查资料和信息存贮等多种功能于一体的现代化便携工具。这种多功能终端借助移动网络的支持,可实现诸如全球卫星定位、远程资料查阅、身份认证和电子支付等,给信息交流和学习带来巨大的变化。

对于新媒体的交互性需求集中体现在如下几个方面:

---

① 周海英.论新媒体的产生及发展趋势[J].东南传播,2009(5).

可以通过移动终端设备代替计算机上网,实现账户维护、文献检索、书目查询、借还书处理、图书荐购等操作。还可以在移动中访问图书馆主页,获取相关讲座、新书信息,查询电子资源,进行在线咨询等。随时随地地访问图书馆主页,使得图书馆成为掌上图书馆。

可以通过交互方式实现用户请求数据的统计分析,通过远程服务器主动向用户传递文字、声音、图像、数据等各种格式信息。用户也可以利用诸如智能手机等设备和移动网络连接图书馆的电子资源服务器,对上面的电子图书、电子期刊或其他电子资源进行在线查询,甚至可以对一些版权许可的文献进行下载与浏览,使读者利用图书馆的资源不受时间和所处地域的限制,较快获取所需资源。

可以进行定位服务。读者在进馆借阅图书前,通常要检索确认是否有所需图书资料。由于图书资源的有限性以及图书馆的流动性,经常发生书已被借阅走的情况,浪费了读者往返于图书馆的时间。利用移动终端的定位功能,读者可以根据所处地理位置,定位临近图书馆,查询所需图书信息。同时可以通过终端发送预约请求,当到达定位图书馆时,即可获得所需图书。

(三)良好用户体验的需求

从用户心理角度来看,用户都有一种"求新"心理,这种心理使用户保持着对新鲜事物的好奇。触摸屏一体机、平板电脑新媒体的出现,将计算机、移动网络与人之间的鸿沟填平,给传统媒体革新传播手段提供了全新的想象空间。在此类新媒体上发布信息,仅仅只有文字、图片或视频是远远不够的,它需要以更加新颖的方式把纸媒特有的深度信息和大量视觉素材结合在一起,以最快的速度传递给用户。

除了展现方式丰富、视觉效果震撼强烈外,传统服务加好的用户体验也是新媒体创新服务的一种方式。苹果公司旗下 iPhone、iPad 等产品的成功充分证明流畅的用户体验也是创新,也可以成为核心竞争力。

触摸屏一体机技术是新媒体技术的一种,它以直观、自然、简单、方便的信息查询输入为特点,在人机交互控制下,可以让读者尽情畅游所设置的应用软件,查询和获取各种感兴趣的信息[①]。通过对图书馆用户触摸屏用户研究发现,用户除了对展示的内容饶有兴趣外,对于终端能提供的创新服务方式也有着强烈的需求,如方便的查询服务、直观的导航系统、及时的信息发布服务等功能。总之新媒体技术所拥有的表现力促进了服务方式的创新,也开启了用户对于创新服务的需求。

(四)终端设备一体化的需求

消费者的生活正在不断被更多的时间和空间分割成碎片,在碎片化的时间中,过去单纯依靠单一媒体平台的单一服务就能满足用户的时代已经过去。用户更希望能有一种集各种功能于一体的终端设备,希望在这一种终端设备上就能实现通话、电子纸阅读、图书馆应用服务、流媒体服务等功能。

"三网融合"技术的出现也为这一需求提供了技术前提。它并不意味着电信网、广播电视网、互联网三大网络的物理合一,而主要是指高层业务应用的融合。三网融合应用极其广泛,遍及智能交通、环境保护、政府工作、公共安全、平安家居等多个领域。手机可以看电视、

---

① Ian Crosby. 触摸屏技术的发展[J]. 电子与电脑,2011(4).

上网,电视可以打电话、上网,电脑也可以打电话、看电视。三者之间相互交叉,形成你中有我、我中有你的格局。

对多功能复合性终端设备的需求也能在一定程度上提高图书馆的服务质量和资源利用率。一方面满足了用户对于信息和服务便捷获取的要求,另一方面也拓展了资源的展示渠道,发展了资源揭示的深度和广度。

第二章　国外新媒体服务的研究和实践

第一节　概述

20世纪60—70年代以来,新媒体开始有其相对确定的所指,并且在过去的30多年中逐渐形成独立的研究领域,作为与传统大众媒体相对立的领域出现,同时又与传统研究交叉、延承,而且与大众社会向分化的信息社会过渡进程相关。

20世纪70、80年代,最初被称为新媒体的是有线电视、通信卫星、电视录像机、选择性接收设备,以及崭露头角的计算机中介传播等。传播学者们注意到这些无法纳入到大众传播研究框架内的媒体现象。这些传播设备及其传播现象显示出其不同于传统大众传播媒介的特性,如异于线性单向传播的分众化、互动性等特点。

到90年代,计算机网络开始其商业化的进一步发展。到90年代后半期,随着网络浏览器的发明、改进,以及个人电脑和小型终端如PDA的逐渐普及,彼时天马行空的新媒体逐渐过渡为日常技术。互联网的发展转向对商业和日常需求的调和适应。尤其是经历了21世纪初的网络泡沫之后,早期互联网技术上的狂飙突进逐渐减缓,开始渐趋稳健,并进一步向社会深层结构渗透。虽然新媒体研究涵盖并超过互联网研究,但是互联网及基于互联网的各种创新型应用(如:视频点播、在线新闻、在线游戏、数字广播等)无疑成为新媒体研究的主角①。

从新媒体产业的发展实践来看,在短短几十年间,新媒体无论在产业规模还是用户群体方面,都获得了急剧膨胀,对传统媒体形成了巨大的冲击。

一、互联网2.0服务

美国科技博客Business insider根据互联网流量监测机构comScore2013年提供的数据,列出了全球访问量最高的20大网站,其中Facebook、Google、YouTube位列前三名,而中国互联网企业腾讯、百度、淘宝、搜狐、新浪则进入前20名②。

Facebook.com(独立访问用户数:8.367亿),是一个社交网络服务网站,于2004年2月4日上线,2012年2月1日,Facebook正式向美国证券交易委员会(SEC)提出首次公开发行(IPO)申请。2012年5月18日,Facebook在美国纳斯达克证券交易所上市,融资规模达到160亿美元,创下了互联公司IPO融资之最。

Google.com(独立访问用户数:7.828亿),是全球最大的在线搜索引擎,创建于1998年9月,Google允许用户以多种语言进行搜索,在操作界面中提供了多达30余种语言选择。现

---

① 毕晓梅.国外新媒体研究溯源[J].国外社会科学,2011(3).
② 全球访问量最高的20大网站榜单[EB/OL].[2014-10-09].http://www.cnbeta.com/articles/225762.htm.

在,Google 还提供各种产品,比如 Gmail、Google Maps、Google + 等。

YouTube.com(独立访问用户数:7.219 亿),是全球最大的视频分享网站,公司于 2005 年 2 月 15 日注册,2006 年 11 月,Google 以 16.5 亿美元的价格收购 YouTube,使该公司有了更高的知名度。从此以后,人们着迷于通过该网站浏览各种有趣的视频。

Yahoo.com(独立访问用户数:4.699 亿,雅虎)是美国著名的互联网门户网站,20 世纪末互联网奇迹的创造者之一。其服务包括搜索引擎、电邮、新闻等,业务遍及 24 个国家和地区,为全球超过 5 亿的独立用户提供多元化的网络服务。同时也是一家全球性的因特网通讯、商贸及媒体公司。

Wikipedia.org(独立访问用户数:4.696 亿,维基百科)是一个自由、免费、内容开放的百科全书协作计划,参与者来自世界各地。其目标及宗旨是为全人类提供自由的百科全书——用他们所选择的语言书写而成的,是一个动态的、可自由访问和编辑的全球知识体,也被称作"人民的百科全书"。维基百科主要的访问量来自 Google,因为它回答了人们在 Google 上的提问。

Live.com(独立访问用户数:3.895 亿),是微软新的电子邮件服务,用户可以通过该网站访问微软的两大电子邮件服务:Outlook 和 Hotmail。现在,当用户访问 Hotmail.com 或 Outlook.com 时,会被自动定向到 Live.com。

QQ.com(独立访问用户数:2.841 亿,腾讯网),是中国主要的门户网站之一,同时提供网络搜索服务。QQ.com 的拥有者腾讯打造了在中国占据主导地位的即时通讯服务 QQ。目前,QQ 客户端拥有 7 亿多活跃用户,这大幅推动了腾讯旗下 QQ 空间、腾讯微博等其他产品的用户数增长。

Microsoft.com(独立访问用户数:2.717 亿),是用户购买微软产品、下载微软软件及更新的网站。在全球大量使用微软 Windows 操作系统的 PC 产品中,其中绝大多数都将 Microsoft.com 加入了书签,以及时获得更新或其他产品资讯。

baidu.com(独立访问用户数:2.687 亿,百度),是全球最大的中文搜索引擎,主要提供网页、视频、图片等搜索服务。2005 年,百度在美国纳斯达克上市,一举打破首日涨幅最高等多项纪录,并成为首家进入纳斯达克成分股的中国公司。

MSN.com(独立访问用户数:2.541 亿),是微软所有网络服务的集合,提供各类资讯、购物、游戏方面的内容,以及电子邮件、即时通讯、博客门户服务。

Blogger.com(独立访问用户数:2.184 亿),由旧金山一家名为 Prya Laba 的小公司于 1999 年 8 月创办,是全球首家大规模博客服务提供商。但受到互联网泡沫冲击,Blogger.com 差点倒闭,直到 Google 于 2003 年中收购 Blogger.com,该网站才重新焕发生机。

Ask.com(独立访问用户数:2.184 亿),是 1996 年诞生在加利福尼亚州伯克利的一个搜索引擎,1999 年 7 月,Ask.com 曾以 ASKJ 为代号在纳斯达克上市,2005 年 7 月,被现在的母公司 Inter Active Corp 收购。在雅虎与微软将搜索业务合并后,Ask.com 成为美国第三、世界第六大公网搜索引擎。尽管 Ask.com 使用自己的搜索技术,但在广告营收方面他们采用了 Google 的解决方案。

Taobao.com(独立访问用户数:2.07 亿,淘宝网),于 2003 年 5 月 10 日成立,由阿里巴巴集团投资 1 亿人民币创办,目前已经发展成全球最大的网上交易市场之一。在创立之初,淘宝网主要提供拍卖二手货交易的消费者对消费电子商务平台,后来逐步转型到以一口价出售全新产品的企业对消费者交易为主。个人或小企业卖家均可在淘宝网开设网上商店,面向中国内地、香港、澳门、台湾以及海外其他国家的消费者。

Twitter.com(独立访问用户数:1.84 亿),是一个社交网络和一个微博客服务,它可以让用户更新不超过 140 个字符的消息,这些消息也被称作"推文(Tweet)"。该服务是由杰克·多西在 2006 年 3 月创办并在当年 7 月启动的。Twitter 的前身是约成立于 2005 年的 Odeo 播客平台,创立者是诺亚·格拉斯。

Bing.com(独立访问用户数:1.84 亿,必应),是一款微软公司推出的用以取代 Live Search 的搜索引擎。2009 年 5 月 28 日,微软首席执行官史蒂夫·鲍尔默在《华尔街日报》于圣迭戈举办的"All Things D"上正式宣布推出 bing 搜索服务,同年 6 月 3 日正式在世界范围内发布。

Sohu.com(独立访问用户数:1.758 亿,搜狐网站),成立于 1997 年,是中国第一家在线搜索公司,目前已经成为中国最大的门户网站和搜索引擎服务商之一。

Apple.com(独立访问用户数:1.717 亿),是苹果官方在线商店——Apple Store 的域名,提供各种苹果产品和软件,所有苹果用户都可以通过该网站获得客户支持。此外,Apple.com 还是 Safari 浏览器的默认主页。

WordPress.com(独立访问用户数:1.709 亿),是一个博客寄存服务站点,由 Automattic 公司所持有。2005 年 8 月 8 日进行 Beta 测试,2005 年 11 月 21 日向公众开放。

Sina.com.cn(独立访问用户数:1.63 亿,新浪网),是中国主流门户网站之一,由原四通利方公司和华渊资讯公司于 1998 年 11 月 30 日合并而成。2000 年年初,新浪正式在纳斯达克上市。在 21 世纪初,新浪网被称为"中国的雅虎"。2009 年,新浪网推出微博服务,目前已发展到 4 亿多用户。

Amazon.com(独立访问用户数:1.63 亿,亚马逊),是美国最大的一家网络电子商务公司,也是网络上最早开始经营电子商务的公司之一。

下表列出了 2013 年全球 IT 企业中具有强烈新媒体特征的 IT 公司,如苹果、Google 等,显示出强劲的市场态势。基于点对点传播模式的 IT 新媒体产业,正演绎着范围日益广泛、规模日益庞大的多元合作,目标一致指向在全球范围持续扩大用户规模。它们在扩张过程中,不断将网络用户、手机用户、电视用户的消费行为化零为整,希望能将他们收纳到同一张网络之中,而这张网络越来越清晰地表明:它期待着一个可突破现在所有产业界线的复合性超级垄断者。

表1 2013 年全球 IT 企业市值排名

公司	市值	国家	荣誉
苹果	5006.1	美国	全球市值最大的公司
谷歌	2324.4	美国	全球最伟大的互联网公司
三星	2290.7	韩国	全球最大的智能手机制造商
微软	2248	美国	全球最大的 PC 系统服务提供商
IBM	2164.4	美国	全球最大的信息技术和业务解决方案公司
甲骨文	1577.5	美国	全球最大的企业软件公司和数据库提供商
亚马逊	1136.3	美国	全球最大的电子商务公司

续表

公司	市值	国家	荣誉
高通	1054.1	美国	全球最大的无线电通信技术研发公司和智能手机 CPU 制造商
思科	1043.2	美国	全球最大的互联网解决方案
英特尔	1026.1	美国	全球最大的半导体芯片制造商
SAP	958.4	德国	全球最大的企业管理和协同化商务解决方案供应商
台积电	889.6	台湾	全球最大的专业集成电路制造服务公司
eBay	659.9	美国	世界的网上购物市场
腾讯	591.7	中国	中国最大的社交网络
Facebook	576.7	美国	全球最大的社交网络
EMC	533	美国	全球存储设备(云计算)及软件开发商
佳能	452	日本	全球最大的数码相机制造商
塔塔咨询	451.1	印度	印度最大的 IT 企业,亚洲最大的独立的软件和服务业公司
			通过信息技术来有效解决印度工业中的管理问题
埃森哲	428.5	美国	全球最大的管理咨询公司和技术服务供应商
Vmware 威睿	402.7	美国	全球知名的桌面到数据中心虚拟化解决方案的领导厂商
鸿海	361.7	台湾	全球最大的全球 3C(电脑、通讯、消费性电子)代工厂
			在大陆叫富士康
百度	350.6	中国	全球最大的中文搜索引擎
德州仪器	346.2	美国	全球最大的模拟电路技术部件制造商
爱立信	325	瑞典	全球最大的通信解决方案提供商
惠普	277.6	美国	全球最大的打印机和第二大 PC 制造商

二、移动服务

随着手机性能不断提高、智能手机快速普及,手机不再仅仅是通信工具,已经成为人们获取信息的重要途径,金融、传媒等行业将手机作为开展业务渠道、提供个性化服务、宣传形象的新平台。移动平台与传统媒体和网络媒体相比,具备 3A(Anywhere,Anytime,Anyone)特性,任何人在任何时间任何地点都可以通过移动终端低成本获取海量多媒体信息和个性化信息,并可实现互动性。支撑移动平台的应用,如短消息(SM,Short Message,对应服务为 SMS,Short Message Service)、多媒体短消息(Multimedia Message,对应服务为 MMS,Multimedia Message Service)、WAP(Wireless Application Protocol,无线应用协议)网页等已经获得了广泛应用。特别是随着 3G 网络的建设和投入使用,移动网络带宽将大幅增长,使用成本进一步下降,从而进一步促进移动平台的普及。

1995 年问世的第一代模拟制式手机(1G)只能进行语音通话;1996 到 1997 年出现的第二代 GSM、CDMA 等数字制式手机(2G)便增加了接收数据的功能,如接收电子邮件或网页;第三代数字通信也就是 3rd Generation 的出现,第三代与前两代的主要区别是在传输声音和数据的速度上的提升,它能够在全球范围内更好地实现无缝漫游,并能处理图像、音乐、视频流等多种媒体形式,提供包括网页浏览、电话会议、电子商务等多种信息服务,同时也要考虑与已有第二代系统的良好兼容性。为了提供这种服务,无线网络必须能够支持不同的数据传输速度,也就是说在室内、室外和行车的环境中能够分别支持至少 2 Mbps(兆比特/每秒)、384 kbps(千比特/每秒)以及 144 kbps 的传输速度(此数值根据网络环境会发生变化)。

在国外,日本、韩国是 3G 商用较早的国家,日本是第一个开通 3G 商用业务的国家,于 2001 年 10 月正式推出 3G 业务,同时,日本也是提供各种丰富 3G 数据业务的国家。韩国运营商 SKT 和 K 件也于 2002 年开始 3G 运营。全球范围内大面积的 3G 网络部署开始于 2003 年,和记电讯公司于 2003 年在欧洲开通了欧洲第一个 3G 网络,同年 Verizon 也在美国开通了 3G 服务。2004 年则是 3G 发展的高潮,vodafone、orange 等运营商相继在英国、法国、德国、意大利等主要国家开通了 3G 服务①。

三、交互电视服务

数字电视最早在欧洲生产和投入使用,但美国却后来居上,超越欧洲和日本,在数字电视发展方面走在了世界的前列。

美国的有线电视体制属于自由竞争型,是由有线电视系统、有线电视系统运营商和有线电视节目提供商三部分组成的,其发展基础是有线电视网络(在美国,有线电视网和宽带网是一张网)。在美国,有线电视运营商除了提供基本的有线电视节目业务外,还提供基于双向 HFC 网络的视频点播(VOD)、高清节目(HDTV)、互联网接入业务以及数字电话业务(VoIP)等。2013 年,交互节目导航(Interactive Program Guide,IPG)被列为北美有线电视业十大关键技术第二位。该技术将应用于互联网业态的关联推荐技术引入有线电视领域,使得节目导航从简单陈列向智能推荐发展,智能终端也逐渐显现出取代传统遥控器的趋势。同时,人机交互的方式也更加多样化,智能终端 APP、语音和手势控制等方式也逐步融入 IPG。

英国数字电视的发展得到了政府大力支持,依托卫星平台运营商 BSkyB 公司和公共电视广播机构 BBC 公司,英国成为全欧洲数字电视普及率最高的国家。播出内容方面,英国地面数字电视注重交互式技术手段的应用,秉承多样化的服务理念。在数字电视服务模式建设中,英国较为注重传媒的公共服务性质,一方面体现在服务理念和推广进程中,政府为主导,给予弱势群体广泛关注;另一方面,体现在大量文化传统、教育培训类内容的制作和播放,实现传播大众文化、普及信息知识的功能。英国交互式数字教育电视节目主要涵盖了视频点播(VOD)、电子节目单(EPG)、增强型电视(ETV)和个人电视记录(PVR)四种交互方式。并利用以上四种方式,制作并播出以自然历史、科学探索等为题材的科教纪录片,以及面向各年龄段孩子的教育类节目。用户可以根据兴趣,利用屏幕上的辅助图表设置标签,获取帮助信息和文字视频。

在亚太地区,日本的数字电视研究与实践开始得最早,覆盖面积和增长速度发展迅速。日本已于 2011 年 7 月 24 日正式停播模拟电视,全面过渡到地面数字广播,成为第一个完全转到数字电视的亚洲国家。日本数字电视主要发展方向是卫星数字电视运营及新兴的移动终端数字电视②,日本数字电视具有明显的交互式特点,用户可通过与互联网一体的卫星/移动数字电视平台,参加节目的问答或者点播,并可方便地通过因特网获取节目的补充信

① 徐斐.3G 技术在图书馆中的应用[D].哈尔滨:黑龙江大学,2010.

② 韩伟.日本地面数字电视与 CATV 面临的课题[J].有线电视技术,2005(3).

息、个人通信及数据广播等①。此外,日本数字电视服务的特点还表现为,平台提供类别繁多但划分细致的丰富内容,满足各类受众的收视需求;推出世界首个可自由选择组合、可随时变更组合内容的收视方式,同时推出了信息下载功能,用户能以文字信息方式参与互动节目。

英国市场研究公司 Digital TV Research 2011 年 7 月 10 日发表研究报告称,2016 年全球将有 30 多个国家将完全普及数字电视,数字电视家庭数量将比 2010 年增长一倍。报告同时预测,在 2011 年至 2016 年期间增加的 6.15 亿数字电视用户中,亚太地区将占 3.88 亿,成为数字电视市场增长速度最快的区域。

另外,美国 MRG 研究公司公布报告称,2014 年全球 IPTV 用户数将达到 1.02 亿,年均增长率 25%。其中,亚太地区 IPTV 的发展将尤其迅猛。2011 年,亚太地区数字电视用户已突破 1000 万,在全球数字电视市场的占有率仅次于欧洲。预计亚太地区在今年将成为 IPTV 最大市场,用户数量将突破 1200 万。

四、触摸屏服务

触摸屏技术是指为实现最方便、简单、自然、直观的输入手段所涉及的信息查询输入技术,它能够在人机交互控制下简单方便地进行查询以获取各种信息。1971 年,美国人 Sam Hurst 发明了世界上第一个触摸传感器。虽然这个仪器和我们今天看到的触摸屏并不一样,却被视为触摸屏技术研发的开端。根据专门从事计算机产业分析的 Dataguest 公司的统计数据:1994 年全世界触摸屏的销售额大约在 1.5 亿美元左右,而这个数字还在以每年 40% 的增长速度继续上升。到 2013 年,全球触摸屏产业市场规模预计达 18 亿部,较前一年成长 34%②。

五、So/Lo/Mo

2011 年 2 月,硅谷创投教父、美国 KPCB 风险投资公司(Kleiner Perkins Caufield & Byers)合伙人约翰·杜尔(John Doerr)第一次提出了"SoLoMo"这个概念,他把最热的 3 个关键词整合到了一起:Social(社交)、Local(本地化)和 Mobile(移动)。

Social 是由 Facebook、Twitter、Zynga 这些 SNS 网站带起的社交化运动,互联网应用必须要靠着社交来提供更多价值,才能够打败对手。Local 随着智能手机的发达,我们得到的信息将会越来越在地、适地。也就是所谓的 LBS(Location-based Service)。Mobile 是 Mobile Internet 的崛起,将会成为人们上网的主流方式③。

六、Web 3.0 服务

Web 3.0 是新一代互联网应用的统称,是互联网的一个发展阶段,是形成这个阶段的互联网的各种技术产品和服务的总称。Web 1.0 解决了信息孤岛这一问题,Web 2.0 解决了信

---

① 韩伟.日本地面数字电视广播现状与未来展望[J].有线电视技术,2010(1).
② 王莹.2013 年触摸屏产业发展动态[J].电子产品世界,2013(4).
③ 谁会率先成为整合 SoLoMo 的赢家[EB/OL].[2011 - 08 - 02]. http://www.forbeschina.com/review/201108/0011135.shtml.

息单向传递的问题,Web 3.0 解决的是最优化信息的问题,它在 Web 2.0 的基础上,为了让人们更好地利用信息资源,一方面它将多个来源的信息进行整合,实现了信息间的底层互通,另一方面结合用户偏好,根据用户的需求,智能化地处理海量信息,为用户提供个性化的聚合信息服务。总之,相对于 Web 1.0 的"浏览和下载"、Web 2.0 的"参与、展示和互动",Web 3.0 的核心理念是"个性、精准和智能"。

第二节　理论研究

在欧美研究者看来,相较于传统媒体(广播、电视及各类印刷媒体),所谓"新媒体"所涵盖的范围极为宽泛。其定义既不像传统媒体那样明确,也不如传统媒体那般也已建立了完整的产业结构。这主要是由于新媒体本身处在不断地发展创新的过程中,每时每刻都会发生全新的,甚至是革命性的变化。

当前,在文化领域,欧美研究者普遍认为:以信息新技术应用为特征的互联网、手机、个人移动数字设备等新媒体,正在以新的传播方式和强大的传播能力影响社会经济、政治和文化发展。

首先,有研究者从技术角度来分析新媒体的发展轨迹与规律,并尝试做出预测。较具代表性的研究有珍妮特·阿巴特(Janet Abbate)的《互联网的诞生》(*Inventing the Internet*),马丁·坎贝尔-凯莱(Martin Campbell-Kelly)与威廉·斯普瑞(William Aspray)的《电脑:一部关于资讯机器的历史》(*Computer:A History of the Information Machine*)等。此外,尼葛洛庞帝(Nicholas Negroponte)在其名著《数字化生存》(*Being Digital*)中对互联网时代媒体所扮演角色与功能的改变也有着独到的创见①。

其次,也有研究者是基于现实层面来诠释新媒体所带来的种种变化,探讨社会文化、国家规制、商业经济等领域所受到的各类影响。代表作有罗杰·菲德勒的《媒介形态变化:认识新媒介》,特里·弗卢的《新媒体导论》(*New media:an introduction*),杰夫瑞·纳伯格(Geoffrey Nunberg)的《书籍的未来》(*The Future of the Book*)以及帕夫利克(John Pavlik)的《新媒体技术:文化和商业前景》(*New Media Technology:Cultural and Commercial Perspectives*)、大卫·柯赛尔(David R. Koepsell)的《赛博空间本体论》(*The Ontology of Cyberspace*)等。这些研究都试图利用传统传播学知识、文化研究成果与政治经济理念来对新媒体进行分析,从而在此基础上得出新的研究范式和结论。

此外,更有不少研究者立足于新媒体与互联网特性本身,研究其自身的演进模式,尝试总结其特有的文化、社会现象。论及此领域的研究就不能不提唐娜·哈拉维(Donna Haraway)的《赛博宣言》(*A Cyborg Manifesto*),文中系统阐述了她对于数字时代人机互动前景的大胆预期:伴随着人机关系的演化,新一轮的媒介革命亦将随之到来,并势必颠覆传统的信息交流概念。约斯·德·穆尔(Jos de Mul)在其著作《赛博空间的奥德赛》(*Cyberspace Odyssee*)中揭示了数码信息时代的电子传媒与赛博空间为人类历史的发展提供的新的可能性。

---

① 沙青青. 国外新媒体产业研究综述[EB/OL].[2014 – 10 – 09]. http://www.istis.sh.cn/list/list.aspx? id=6356.

马克·波斯特（Mark Poster）则从后现代语境出发在《第二媒介时代》（*The Second Media Age*）中，提出诸如互联网等数字媒介的新发展可能会改变人们的交流习惯，并对其身份进行深层的重新定位。

综上所述，目前欧美学界对新媒体领域的理论研究，尤其是立足文化角度的研究，正逐步成为一门显学，吸引越来越多不同学科背景的学者投身其中。无论是传播学、社会学，抑或经济学、管理学，还是信息科学、生物学，乃至哲学、历史学都能从自身研究的角度对此问题提出创新的观点，分析新媒体发展与文化繁荣之间的内在联系。这本就是新媒体跨媒介、跨地域、跨工具等特性所决定的。

第三节　各国技术发展与实例

一、美国

美国是几乎所有新媒体的发源地，从互联网、门户网站到自媒体，对美国新媒体发展的研究必然对新媒体的发展和预测具有重要意义。

新技术研发和新市场开拓，一直是美国新媒体产业的两大优势。有效支撑着这两大优势的因素，一是美国高度发达的商业体系发展起来的大型企业，二是美国财力雄厚的各大高校、科研机构和风险投资体系培养出来的大量自由研究者、创业者和中小企业。当然，后者的存在很大程度上是基于前者系统化、产业化的支持，除了给予持续、稳定的研究经费和风险投资外，还包括面向公众提供可靠、全面的产业数据，开通并维护研究者与市场、企业直接沟通的各类渠道。微软和谷歌都是典型的受益者和示范者。在全球性的金融危机中，以微软、谷歌、Facebook 等为代表的美国新媒体产业，基本保持逆市增长。

在现阶段的美国，尤其在金融危机之后，新兴中小企业无论在支撑 GDP 还是就业方面，重要性都得到显著的提升。这一宏观经济的结构性特征，在美国的新媒体产业中，得到了尤为充分的体现，因为这一领域相对更为集中地生存着大批极具创新性的中小企业，尤其是与新媒体视频产业相关的中小企业。

2010 年 8 月 Inc. 杂志评出美国发展最快的 5000 家中小企业，其中 60 家为媒体公司。据统计，这些媒体公司中有 89% 是以宽带互联网、电信网和有线网为传播平台的新兴媒体，其中以视频信息传播为主体的高达 76%，在很大程度上潜藏并左右着美国新媒体产业发展的最新趋势[①]。这 60 家媒体中排名前 11 位的全部是网络新媒体公司，较为集中地分布于加州（共计 5 家，占 46.7%）。其中，Blurb、Bill Bartmann Enterprises 和 Petplace.com 以网络出版为主，FriendFinder Networks、IMVU 和 Tagged 以视听兼容的网络社区交友为主，其余则以特色化的主题定位为社区成员（social member）提供专业化信息服务。整体上观察，它们大多属于具有社区网络媒体特性、以视听信息交流为主的新媒体。依托宽带提速和音视频压缩技术的升级改进，美国网络市场迅速扩张，网络电视的规模和用户数量极速增长。既有以 Youtube 为代表的新型网络视频服务提供商，也有以 Hulu 为代表的以传统广播电视媒体作为内容支撑平台的视频服务商。以独立访客数量计算，仅 Youtube 一家视频网站的月访问

---

① 周笑.美国新媒体产业最新发展趋势研究[J].电视研究,2011(6).

量就达到了 1.648 亿人①。

数字电视是新媒体的一项重要组成。美国数字电视发展的特点可以概括为自由竞争下以用户需求为主导。

数字电视最早在欧洲生产和投入使用,但美国却后来居上,超越欧洲和日本,在数字电视发展方面走在了世界的前列。目前美国数字电视不仅完成了地面、卫星和有线三大标准的制定工作,而且已经实现了商业化运营。

美国的有线电视体制属于自由竞争型,是由有线电视系统、有线电视系统运营商和有线电视节目提供商三部分组成的。有线电视系统是美国有线电视体系中最小的单元,是在市、郡等地方政府批准下由私营企业——有线电视系统运营商出资修建的。有线电视系统运营商是拥有并运营有线电视系统的企业实体,如 Cablevision,Comcast 以及时代华纳。有线电视节目提供商则为有线电视系统运营商提供节目。美国有线电视运营商主要提供的服务包括:数字电视、视频点播及 PVR 业务、高清电视、数字语音、高速上网等②。

美国数字电视发展是伴随其科学而独到的思路和策略进行的,归纳起来,其数字电视发展策略主要体现在以下几个方面③:

1. 做好宣传推介活动,提高数字电视的家庭拥有率;

2. 政府宏观管理,主导数字过渡计划,建立对数字电视的新兴治理体制;

3. 以高清电视和多频道服务为切入点,激发受众的视听需求,并以节目多样性作为提升服务质量的重要手段;

4. 以有线和卫星电视的数字化带动地面电视的数字化,以节目提供商和运营商的渗透互动,发展原创节目。

二、欧洲

在新媒体产业发展过程中,欧洲作为一个整体面临来自美国媒介资本和产业的竞争。同时,新媒体发展呈现地区差别,但在各国和欧盟的推动下,新媒体产业呈现快速发展态势;在政策和规制方面,一方面试图以普遍化的政策融合来推动技术融合,另一方面,也有反对的声音认为,欧盟的政策势必带来国家间的不平等、商业利益的垄断和公共服务的丧失④。

新媒体在欧洲内部发展并不均衡。目前,由于种种原因,约有一半的欧洲家庭不使用互联网。年龄、教育水平和收入水平都是限制用户使用互联网的因素,另外,虽然欧洲宽带市场的增长一直非常快,已经拥有超过 6000 万宽带用户,但是,在欧洲不同国家之间,以及在同一国家的城市与农村之间仍存在宽带鸿沟。在城市,超过 90% 以上的人使用宽带,而在农村这一比率则是 60%。

在宽带发展方面,因发展速度不同,欧洲存在不同宽带市场收入。目前,英国保持最高营业额收入,德国则是增长最快的国家。英国、法国和德国在 2012 年将达到 120 亿欧元,意大利、西班牙和葡萄牙等南欧国家将从 8.73 亿欧元达到 20 亿欧元,北欧瑞典、芬兰、挪威和

①　杨状振.美国视听新媒体产业发展现状[J].视听界,2015(1).

②　谢艳斌.充满变数的美国数字电视经济[J].现代传播,2007(1).

③　李小兰.美国数字电视的发展[J].现代电影技术,2007(1).

④　柯妍,唐晓芬.欧洲新媒体产业发展和规制变化[J].中国记者,2008(5).

丹麦在未来五年中的宽带收入将超过 8 亿欧元,目前则是 3.77 亿欧元,北欧宽带增长已经吸引大量眼球,虽然与西欧相比新媒体消费者的绝对数量还较少。

欧洲互联网的发展,涉及"i2010 战略计划"的支柱内容之一——包容(inclusion)问题。以新媒体和广播电视为核心的信息与传播技术是欧盟整体战略的一个非常重要的组成部分。因此,进入 21 世纪,欧盟将信息产业列为主导产业加以扶持,制定了以"i2010 战略计划"(The i2010 Strategy)为主的信息化战略。根据"i2010 战略计划"的目标,欧洲信息社会应当能够为每个人提供更多的网上公共服务,应当为所有公民提供服务。在 2006 年 9 月的北约里加峰会上,欧盟成员国就发表了一个宣言,各成员国承诺要在 2010 年以前实现以下具体目标:使互联网鸿沟缩小一半;使所有公共网站可以允许包括残疾人在内的任何人使用;2010 年前使 90% 的欧洲人口能够用上宽带。根据欧盟委员会《i2010 信息社会年度报告(2007 年)》,信息与传播技术领域的发展速度高于欧洲经济的总体发展速度,在 2000 年到 2004 年间,信息与传播技术领域的生产率增长占欧盟总体增长的近一半。

欧洲的媒介规制目前呈现一个有趣的现象,一方面是在硬件发展上的国家积极介入,另一方面则是在内容方面,延承自由主义的媒介传播观念,推行经济自由下的"小政府"规制理念。这两种现象在西欧体现的都最为突出。欧洲倾向于将新媒体的服务和内容纳入已有的广播电视内容规制的范畴内,欧盟已经作出规定,手机电视和网络电视与传统电视一样适用相同监管规则。

各国政府在数字电视转换过程中表现出的强烈政策主导倾向,目前发生在欧盟的政府对数字电视领域发展的干涉的三个特点:1. 政府与传播媒介的关系由依法调控转向积极介入;2. 政府为新媒体的发展指定方向;3. 政府对媒介产业的发展由辅助转向主导。

英国数字电视发展特点可以概括为以政府为主导的公共文化服务。

英国数字电视的发展得到了政府大力支持,依托卫星平台运营商 BSkyB 公司和公共电视广播机构 BBC 公司,英国成为全欧洲数字电视普及率最高的国家,并计划于 2012 年全面告别模拟信号传输,实现数字电视信号全覆盖。

播出内容方面,英国地面数字电视注重交互式技术手段的应用,秉承多样化的服务理念。不仅设有娱乐、少儿、新闻、教师、电视购物、体育、电影、历史等传统主题频道,还提供交互式图文电视、电子节目指南、时移电视、视频下载等基于数字电视技术开发的新型服务[①]。这些新型服务形式相对于传统单向模拟信号模式有了长足发展,易于适应不同用户群体的个性化需求,增强观看节目的交互体验,让用户更好地融入节目中去。

运营商在具体操作中对交互式技术应用和加强观众互动表现出了极大热情:BBC 在 ITV 等交互电视业务的节目制作中注重观众的参与,并将聊天功能作为其 ITV 节目的主要特色和侧重点;英国 Amino 通信公司最近推出了基于以太网的"迷你"机顶盒,提供包括交互音频、视频和数据业务以及因特网接入;NTL 数字平台则开通了一个被称之为"世界最大电视杂货店"的交互式服务,提供逾 1500 种商品的电视在线购买。

在数字电视服务模式建设中,英国较为注重传媒的公共服务性质,一方面体现在服务理念和推广进程中,政府为主导,给予弱势群体广泛关注;另一方面,体现在大量文化传统、教育培训类内容的制作和播放,实现传播大众文化、普及信息知识的功能。英国交互式数字教

---

① 李志坚. 英国:地面数字电视真相[J]. 中国数字电视,2008(7).

育电视节目主要涵盖了视频点播(VOD)、电子节目单(EPG)、增强型电视(ETV)和个人电视记录(PVR)4 种交互方式①。并利用以上 4 种方式,制作并播出以自然历史、科学探索等为题材的科教纪录片,以及面向各年龄段孩子的教育类节目。用户可以根据兴趣,利用屏幕上的辅助图表设置标签,获取帮助信息和文字视频。

三、日本

手机上网十分普及是日本互联网发展的一大特色。其技术基础是 I-mode。I-mode 是 NTT DOCOMO 于 1999 年 2 月 22 日推出的数据业务,是世界最成功的无线互联网服务之一。I-mode 中的"I"的含义是 Interactive、Internet 和 I(代表个性)。I-mode 在日本推出后,迅速普及,很快在日本掀起一股无线上网热潮②。

移动上网的流行,正在开始改变日本人的消费习惯,继而推动了零售业的最新增长。近日,全球创意提供商 WGSN 针对日本零售业和设计领域的分析,指出在零售业销售持续下降的大环境下,日本实现了手机网上购物的创新,并且其销售额占据总销售额高达四分之一的比重。

I-mode 手机成为网络终端,成为新闻、广告、增值服务的载体。日本 I-mode 取得巨大成功,并且出现了大量借助 I-mode 的新闻传播活动。在日本各大报社纷纷通过手机媒体传送新闻。日本手机用户可以菜单式地选择网络信息服务。手机用户阅读新闻所缴的费用由 NTT DOCOMO 与各报社分成。许多日本出版社也将纸质出版物通过 I-mode 同步出版,以扩大市场份额。NTT DOCOMO 通过 I-mode 打造了一个完善的移动媒体平台。

同时,由于日韩市场的手机电视在播放上采用 simulcast 方式,即手机电视可同步接收家用数字电视节目。2005 年,日本互联网广告收入已超过广播电台的收入。TBS(东京放送)于 2006 年 4 月 1 日推出的手机电视业务,前期处在实验阶段,完全免费向公众开放。公众通过移动媒体最想了解的信息主要包括:新闻快讯、气象信息、体育赛事等。2008 年,TBS 已经开始为手机量身制作电视节目,并获得了用户市场的好评。

不过,从技术角度而言,日本的 I-MODE 只能算是 2.5G 手机。目前日本也在大力发展 3G 业务。日本的移动通信市场有 3 家公司在提供 3G 业务,他们是 NTT DoCoMo 公司、KDDI 公司和 Vodafone KK 公司。日本是目前 WCDMA 业务发展最成功的国家,拥有全球 62% 的 WCDMA 用户,其中主要是 NTT DoCoMo 的用户。3G 手机的特点是高速度、多媒体、个性化。它的速度很快,不仅能通话,还可以高速浏览网页、参加电视会议、观赏图片和电影以及即时炒股等。3G 时代的来临将使手机媒体具有网络媒体的许多特征,成为人们随身携带的交互式大众媒体。在 3G 基础上,日本 2010 年 12 月开始推广 4G 移动通信技术,经过 5 年的发展建设,日本已经建立了覆盖全国的 4G 移动通信网络。2014 年 9 月,日本总务省主导成立了"第 5 代移动通信推进论坛",汇集了全日本 43 家移动通信运营商、设备制造商、研究机构和上百名专家学者,目标是加快第五代高速移动通信技术(5G)的开发,并争取在 2020 年投入使用,使日本成为世界上率先提供 5G 服务的国家。

---

① 黄慕雄,向熠.交互式数字教育电视节目的设计和应用[J].电化教育研究,2010(2).

② 沙青青.日本移动新媒体特点概述[EB/OL].[2014 - 10 - 09].http://www.istis.sh.cn/list/list.as-px? id =6354.

日本的新媒体由 2004 年的 2250 亿日元达到 2006 年的 4174 亿日元,几近翻了一番,市场潜力惊人。日本传统媒体广告市场全面流失的方向是新媒体,如何尽快做到传统媒体向新媒体的转型是最迫切的问题。日本各大传统媒体纷纷并购、细化网络版、做好融合媒体各项业务、积极寻求增值途径的探索就是这种困境下的突围。除了市场规模迅速膨胀外,日本新媒体产业也走出了一条极富东亚特色的道路——移动网络应用。手机正在成为一种小巧的特殊电脑,正在成为网络的延伸。

日本数字电视发展的特点可以概括为用户定义的内容组合选择。在亚太地区,日本的数字电视研究与实践开始得最早,覆盖面积和增长速度发展迅速。

日本数字电视主要发展方向是卫星数字电视运营及新兴的移动终端数字电视①。移动终端的出现使数字电视接收方式发生了质的改变,突破了坐在家里观看电视节目的惯例,拓宽了数字电视的受众范围。

日本数字电视具有明显的交互式特点,用户可通过与互联网一体的卫星/移动数字电视平台,参加节目的问答或者点播,并可方便地通过因特网获取节目的补充信息、个人通信及数据广播等②。目前日本最大的有线电视运营商 Jupiter 向其 150 多万个订户开通了交互新闻、游戏和电视商务服务。

此外,日本数字电视服务的特点还表现为,平台提供类别繁多但划分细致的丰富内容,满足各类受众的收视需求;推出世界首个可自由选择组合、可随时变更组合内容的收视方式,同时推出了信息下载功能,用户能以文字信息方式参与互动节目。

第四节　国外业界的理论研究与实践

信息时代下,国外图书馆各种形态的创新服务不断涌现,国外专家也对此开展了研究。

皮尤研究中心的互联网和美国生活项目组(Pew Internet & American life project)负责人 Lee Rainie③ 重点研究了在新媒体时代图书馆如何生存和发展的问题,他针对泛信息化社会下图书馆的角色定位和服务职能,首先对图书馆的外部信息环境做了分析:(一)现代社会信息丰富而大量,信息由单向被动接受转为双向互动。图书馆应成为人们社交网络中的朋友而不是单纯信息提供者;(二)信息时代中用户可以成为信息的发布者和音频制作者,这意味着自媒体时代的来临;(三)人们的行为转为解决问题、做出决定和争取社会支持。Lee Rainie根据用户需求,结合新媒体特点提出了 8 种服务模式来应对新媒体时代的挑战。

柏林图书馆与信息科学学院的 Kathrin Grzeschik 等④研究了未来民众阅读行为和阅读工具的变化。通过大量用户数据的调研分析后得出,民众的阅读率和阅读设备关系不大,很

---

① 韩伟.日本地面数字电视与 CATV 面临的课题[J].有线电视技术,2005(3).

② 韩伟.日本地面数字电视广播现状与未来展望[J].有线电视技术,2010(1).

③ Lee Rainie. How libraries can survive in the new media ecosystem[J]. El profesional de la información, 2010,19(3).

④ Kathrin Grzeschik, Yevgeniya Kruppa, Diana Marti. Reading in 2110-reading behavior and reading devices: a case study[J]. The Electronic Library,2011,29(3).

大程度上取决于自身的阅读习惯和阅读内容本身。新媒体时代下,还应该重点从内容上来吸引用户。

新媒体时代的重要特点是媒体的交互性和功能的互动性。互联网时代的数字图书馆则表现为基于 Web 2.0 技术的 Library2.0 服务模式。国外学者也对该模式进行了研究。美国科罗拉多大学博尔德分校图书馆的 Jack M① 介绍了 Library2.0 的概念及其表现形式,如博客、Wiki、社交网络、RSS 等,并且对各种 Web 2.0 在图书馆的应用做出探讨。Paul Miller 博士② 主要论述在 Web 2.0 时代带来的一些困惑,探讨了 Web 2.0 对于图书馆界及相关机构的意义。

美国伊利诺伊州威灵市北郊图书馆系统的 Sarah Ann Long③ 介绍了 Wiki 这种新媒体信息组织方式,并研究了在图书馆业务中的应用。他预测 Wiki 会在以下方面做出重大影响:

(1)合作领域,比如集体完成的机构文件、报告和工程管理报告,在最后完成前会取得结论的一致性。

(2)高等教育领域,McKiernan 设想了一个更加完整和动态的大学入口和利用 Wiki 合作特点的课程、服务、项目、研究工程。

(3)对于图书馆,需要广泛的合作来加强馆藏发展和参考咨询服务。会议的报告、特定专题或室内工程会是 Wiki 技术好的使用对象。

图书馆新媒体专家 Laurie Thelan④ 在论文中论述了新媒体时代下图书馆面临的一系列问题及其解决思路和方法。Kathy Ishizuka⑤ 介绍了新媒体时代下一种图书馆的新业务——New Media Exemplar Library。是一个图书馆界创办的基于视频收藏的个性化网站。所有内容按类别排列,同时也是一个互动性的社交网站。

2006 年 11 月 12 日,美国《纽约时报》的记者 John Markoff 发表了一篇名为《企业家们看到了由常识指导的网络》的文章,详细介绍了各网络公司在计算机因特网方面的最新研究成果和预期构想,并认为这些研究就是下一代网络 Web 3.0,这一新概念在业界引起了巨大反响⑥。如果说 Web 2.0 强调的是网民的参与和互动,那么 Web 3.0 则为用户带来自动化、智能化的问题解决方案。国外图书馆专家也对基于 Web 3.0 的知识服务开展了研究。英国 Wolverhampton 大学信息计量学研究小组顾问 David Stuart⑦ 探讨了一些 Web 3.0 技术,比如3D 网络、语义网、现实世界网络等,并对未来图书馆做了展望。来自维多利亚州立图书馆和

①　Jack M Maness. Library 2.0 theory:Web 2.0 and its implications for libraries[J]. Webology,2006.

②　Paul Miller. Web 2.0:building the new library[DB/OL]. [2014-10-09]. http://www. ariadne. ac. uk/issue45/miller/intro. html.

③　Sarah Ann Long. Exploring the wiki world:the new face of collaboration[J]. New Library World,2006,107(3).

④　Laurie Thelan. New library media specialists:How the experienced can help[J]. Library Media Connection,2004(8).

⑤　Kathy Ishizuka. New media exemplar library[J]. School Library Journal,2007(9).

⑥　吴汉华,王子舟. 从 Web 3.0 到图书馆 3.0[J]. 图书馆建设,2008(4).

⑦　David Stuart. Web 3.0 promises change for libraries[DB/OL]. [2014-10-09]. http://www. research-information. info/features/feature. php? feature_id = 253 2010.

维多利亚网络公共图书馆的专家 Anna Belling、Aimee Rhodes 等①简要阐述了 2011 年到 2020 年可能的技术变化对图书馆业务的影响。给出了 Web 3.0 时代下的 Library3.0 概念:图书馆员使用语义网、云计算、移动设备来重新改进现有技术比如联邦检索,来为用户提供按需服务。报告鼓励图书馆员使用最新的技术来实现 library3.0 服务,并给出了具体的目标。Zayed 大学的 Woody Evans② 讨论了建设 Library3.0 的具体方法,在实现 Library3.0 上给出了具体的实践参考。

总之,在新媒体时代,以互动和社交功能为特点的 Web 2.0 技术和以智能化、语义化为特点的 Web 3.0 应用层出不穷,国外的图书馆专家主要研究新技术带给图书馆的环境变化,主要包括用户需求个性化、信息来源、传播方式多样化。环境的变化需要图书馆必须紧跟时代发展趋势,数字图书馆业务方面开展以互动和智能化为特点的应用,资源展示和利用方面结合用户需求和使用习惯,将传统业务移植到新媒体设备上,使用户获得更为新颖的使用体验。

一、Web 2.0 服务

随着互联网、计算机技术的飞速发展,网站已成为信息存储、管理和传播的主要途径。图书馆在资源组织与服务方面,具有得天独厚的优势。数字时代,图书馆用户更倾向于通过网站来获取图书馆的信息,享受图书馆的服务。因此,图书馆网站不仅为人们提供了一个获取信息的平台和交流的窗口,也是图书馆向用户提供数字化、网络化文献信息服务的桥梁和纽带。有鉴于此,笔者面向国外有影响力的国家图书馆网站,进行了深入细致的调研分析,对其 Web 2.0 技术的应用等方面进行全面考察,捕捉国际图书馆界在图书馆网站建设方面的前沿技术与理念。

(一)澳大利亚国家图书馆的互联网服务

1. 博客(Blog)(http://blogs.nla.gov.au/)

澳大利亚国家图书馆有多个博客网站,例如,"Behind the scenes blog"博客网站(http://blogs.nla.gov.au/behind-the-scenes/),在这里可以了解到图书馆是如何收藏、数字化和保存文献的。该博客网站对用户发表的博客按照时间日期进行存档,以月为单位,按照时间顺序进行排列,最早的博客为 2010 年 3 月。对每一篇博客进行分类,并对博客内容加入 Tag 标签。在博客内容下方,提供社会书签,用户可以将自己喜欢的页面进行收藏。用户还可以将博客内容放在 Facebook 上,与朋友共享。用户可以对博客内容进行评论,发表个人见解。博客内容及评论内容支持 RSS 订阅,通过 RSS 推送给用户。此外,"Library labs"博客网站(http://blogs.nla.gov.au/labs/),支持 RSS 订阅,加入 Tag 标签,允许用户对博客内容进行评论等。

---

① Anna Belling, Aimee Rhodes, Janine Smith. Exploring Library 3.0 and Beyond[DB/OL]. [2013 - 02 - 01]2012. http://www.libraries.vic.gov.au/downloads/20102011_Shared_Leadership_Program_Presentation_Day_/exploring_library_3.pdf.

② Woody Evans. Building Library 3.0:Issues in creating a culture of participation[M]. Woodhead Publishing,2009.

2. Twitter(http://twitter.com/nla.gov.au)

澳大利亚国家图书馆通过 Twitter 账号通知新闻、馆藏、馆内活动等信息。Trove 搜索引擎中也含有 Twitter 服务。例如,新闻栏目中,用户可以将感兴趣的新闻通过 Twitter 发送给朋友,与朋友共享。

3. Facebook

(http://www.facebook.com/National.Library.of.Australia)

澳大利亚国家图书馆通过 Facebook 账号让用户了解图书馆的主要大事、活动及最近的资源采访情况。将照片、视频、图书馆资源链接添加在 Facebook 上。例如,新闻栏目中,将新闻添加到 Facebook 中与朋友共享。

4. YouTube(http://www.youtube.com/user/www.nla.gov.au)

澳大利亚国家图书馆 Youtube 网站上有很多馆内举办的各种活动视频。

5. 播客(Podcasts)(http://www.nla.gov.au/podcasts/)

澳大利亚国家图书馆记录了在馆内举办的各种讨论和会议、展览、图书馆馆藏、读者培训等,并将这些内容以播客的形式放在网站上,用户可以随时收听这些信息。

6. Tag 标签

澳大利亚国家图书馆的网站中应用了 Tag 标签,用户可以按照已经分门别类的信息选择自己需要的信息。例如,在"Behind the scenes blog"栏目,Trove 搜索中均使用了 Tag 标签。

7. 社会书签

澳大利亚国家图书馆的网站中提供了社会书签,用户可以将自己喜欢的页面进行收藏并与其他朋友共享。例如,在"Behind the scenes blog"栏目以及新闻栏目中,提供了书签,用户可以使用美味书签(delicious)将自己喜欢的页面收藏并与朋友共享。

8. RSS

澳大利亚国家图书馆网站目前有多个栏目支持 RSS 订阅,用户可以通过 RSS 信息推送服务了解和获取网站中最新信息,如博客、What's On 栏目、OPAC 目录检索结果推送等。

9. Flickr

在 Picture Australia 项目(http://www.picture.australia.org/index.html)中,用户只需上传自己的图像到 Flickr,将其加入任何一个 Picture Australia 组中。图书馆每周收割一次元数据与小图标(thumbnail),加入 Picture Australia 数据库。看大图像一般需要链接到 Flickr,对于一些意义重大的图片,图书馆则会联系创作者获取高精度图像加入数字档案。

10. OPAC2.0

Library Labs(http://www.nla.gov.au/library-labs/)是 NLA 的一个演示系统,采用开源的 Lucene 全文索引工具包,信息主要取自 2006 年 1 月澳大利亚国家书目库数据,包括 1600 万条书目记录及澳大利亚图书馆馆藏信息。其检索结果可按相关性排序,可按日期、主题、载体、作者、杜威及 LC 分类聚类,同时基于主题规范进行匹配,增加检索提示和基于语料库内容的拼写建议。相关结果记录被归并为类似 FRBR 的结构,使用 OCLC 的 xISBN 服务寻找相关记录,同时书目数据内容还包括来自 Amazon 的评级与评论,书封来自 Google Books,可对检索式进行 RSS 定制,同时检索结果页还可看到"Buy it""Copy it""Tag it"和"Google it"的功能,非常方便用户进行功能扩展。

澳大利亚国家图书馆馆藏目录检索系统采用开源的 OPAC 系统 VuFind,该系统由美国宾州 Villanova 大学图书馆开发。它是一个图书馆资源门户，目标是取代传统 OPAC，使用户能检索与浏览所有图书馆资源。该系统完全模块化，可以只实施基本系统，也可采用所有组件。作为一个开源系统，可以修改模块以适应自己的需求，也可以增加新模块以扩展需要提供的资源。在该 OPAC 检索系统中，其检索结果可以按照资源类型、作者、年代、语言等不同类别进行分类；可以扩展查询，在其他图书馆进行查询；可以根据个人喜好，将检索页面通过 delicious 收藏；用户可以对某馆藏信息进行评论，图书馆员也可表达个人观点；检索结果支持 RSS 推送；含有对具体条目的不同格式的引用信息，以及将具体条目的信息发送到 Email 等。

11. Wiki

澳大利亚国家图书馆运用了维基（Wiki）软件技术实现资源的共建共享（https://wiki. nla. gov. au/dashboard. action）。用户可以申请注册账号，并提供信息，同时还可以对他人提供的信息进行修改或评论，可以清楚看出信息的添加者和修改者。其中该馆的 Australia Dancing 项目是一项基于维基（Wiki）软件技术的资源共建共享活动。

12. 邮件定制更新

澳大利亚国家图书馆推出邮件定制更新活动，eNEWS 支持邮件定制更新，将澳大利亚国家图书馆的免费通讯发送到定制该服务的用户邮箱之中，内容为该图书馆的最新信息，包括馆藏新增信息、即将发生的大事、新产品、新出版物、新服务等，每月发送一次。

13. 新搜索引擎 Trove（http://trove. nla. gov. au/）

Trove 涵盖的内容多数都是数字资源，包括澳大利亚 1000 多所图书馆和其他文化教育机构的数字内容，国际性馆藏资源中与澳大利亚相关的内容也被纳入了搜索范围。

Trove 直接向用户提供资源，而不是相关网站的列表，允许用户查找图片、未出版的手稿、图书、口述历史、音乐、视频、研究论文、日记、信件、地图、已经归档的网站资源以及 1803—1954 年间的澳大利亚新闻等。

如今用户需要的不再是单纯的被动式信息服务，他们想成为日益增长的网络社区的一员，在这样的社区中他们可以参与其中并做出自己的贡献。因此，Trove 运用了很多 Web 2. 0 的技术和理念，如 RSS、Tag 标签等，为用户提供了进行标签、评论、组织和改善数据以及共享信息和思想的机会。

Trove 是为澳大利亚全体公众设计的搜索引擎，不管是研究人员、作家，还是历史学家、学生等，只要有关于澳大利亚和澳大利亚人的问题都可以来这里进行查询。

（二）新加坡国家图书馆管理局

1. 博客（Blog）

新加坡国家图书馆管理局根据其主题不同有 8 个博客网站，（http://www. nlb. gov. sg/ Corporate. portal；jsessionid = npzrNDKQQ5h449G7nhPNRzRnGnlXk07JnmZ9Jx9QfgNfYrPyq97W！ 118688093？ _nfpb = true&_pc = CORP&_pageLabel = Corporate_portal_page_nlbBlogs）。每一个博客网站都有检索框，可以根据个人需要进行检索；用户可以根据个人喜好，在不同主题的博客网站发表文章，或发表个人评论，从而实现用户之间的互动；博客栏目支持 RSS 订阅，可以通过 RSS 将博客内容及评论推送给订阅用户；提供社会书签，用户可以将自己喜欢的页面进行收藏；对博客内容加入 Tag 标签。

2. RSS

新加坡图书馆管理局网站中很多栏目中使用了 RSS,用户可以通过 RSS 信息推送服务了解和获取图书馆大事、新闻以及其他添加到网站上的新信息等。在其网站上分别将进行 RSS 信息推送的相关栏目进行了列举,用户可以方便地定制其 RSS 服务。

3. 邮件定制更新

新加坡国家图书馆管理局推出 eNewsletter 邮件定制更新活动,用户可以选择定制自己感兴趣的信息,Happenings@ NL,Happenings@ PL,Read and Reap 3 个栏目支持邮件定制更新推送服务。

4. 社会书签

网站中提供了社会书签,用户可以将自己喜欢的页面进行收藏并与其他朋友共享。例如,在博客栏目中,提供了书签,用户将自己喜欢的文章收藏并与朋友共享。此外,在电子资源检索页面(http://eresources.nlb.gov.sg/index.aspx)中也提供了 bookmark,用户可以随时将检索的页面添加入收藏夹。

5. Tag 标签

新加坡国家图书馆管理局的网站中应用了 Tag 标签,用户可以方便快捷地浏览自己感兴趣的信息。例如,在博客栏目中,在文章内容的下方,对内容加以 Tag 标签,方便用户查找和浏览信息。

6. Youtube

在新加坡国家图书馆管理局网站中的 Gomedia(http://gomedia.nlb.gov.sg/)专栏中,提供了多种视频短片,并通过 Youtube 发布,供用户观看和分享。

7. Flickr

在新加坡国家图书馆管理局网站中的 Gomedia 专栏中,有些视频还提供了与此相关的照片,如 IFLA International Newspaper Conference 2008,用户可以将自己相关的照片上载并存放在该网站上,并将图片有规则地组织起来,方便浏览和分享。

此外,在新加坡国家图书馆管理局公共图书馆网站上,也提供了上载照片共享照片的专栏(http://www.pl.sg/view/Photo/29/f471f2bd-b171-4ffd-9ab9-a4c04ff3c23f)。其提供了全面高效的关于新加坡的图片服务,包括图片上传、分类、加标签(Tag)、图片搜索等。用户可以通过此项服务结交朋友,发表评论,在朋友圈子里相互交流等。

8. OPAC2.0

该搜索能够让用户更方便地获取图书馆的各种类型的资源,包括馆藏资源和外购资源,而且还允许用户保存搜索结果、定制邮件提醒、发表评论、添加标签等。这些描述,与 OPAC2.0 的特征相符合。

(三)荷兰国家图书馆

1. RSS

荷兰语网站提供 RSS 推送服务,如其网站上的新闻可以定制 RSS 推送服务,而英文版网站没有。此外,英文版网站上荷兰记忆项目 Memory of the Netherlands,支持 RSS 订阅服务。

2. Twitter

荷兰语网站上有 Twitter 服务(http://www.twitter.com/KB_Nederland)。

3. 邮件订阅

荷兰国家图书馆的荷兰记忆项目支持邮件订阅更新。用户可以通过邮件订阅，获取荷兰记忆项目的最新通信、内容宝库最新收藏信息、教育方面的最新进展以及网站的最新特色等（目前仅支持荷兰语通信）。

（四）瑞典皇家图书馆

1. RSS

网站提供 RSS 推送服务，用户可以定制其网站上的图书馆要闻、大事，以及 OA 新闻。

2. 邮件订阅更新

瑞典皇家图书馆网站的某些栏目支持邮件订阅服务，如图书馆要闻、即将举办的展览以及大事记等。此外，网站上某些专栏如果增添新页面或者页面内容更新了，也可以通过邮件订阅发送给用户，方便用户获取网站上最新信息。

（五）美国国会图书馆

美国国会图书馆网站在新媒体技术应用方面，主要包括有 Blog（博客）、RSS、Podcasts（播客）、Webcasts（网络广播）、Facebook（脸谱网）、Twitter（推特）、You Tube 和 Flicker（网络相簿）等。

1. Blog（博客）

对馆内发生的大小事件进行发布，有结合个人经历对国会馆业务的介绍、有即将召开的展览、音乐会的信息推介，也有一些比较重大项目的信息发布，比如网站改版等，但博文通过个人视角来描述，比传统的宣传方式更吸引人，也更加亲切。发文频率不固定，有时一天数发，或一周数发，有时数天一发。博客支持 RSS 订阅和标签功能，用户能发布评论。另外，对博文内容做了详细的主题词分类，还有读者的 Twitter 回复展示和往期博客的链接。

2. RSS & E-mail

美国国会图书馆网站上目前支持 RSS 订阅的栏目主要有：图书馆一般性新闻（General News from the Library）、图书馆网站更新（Library Web Site Updates）、图书馆大事记（Events at the Library）、各主题栏目（Topics）、给图书馆员（For Librarians）和给教师（For Teachers）等栏目，其中每一个栏目下面又会分成几个小的栏目，每一种可以接受分别订阅，对读者的需求进行了细分，使用起来非常方便。

另外，国会图书馆还充分考虑到用户的使用习惯和技术支持程度，推出了 E-mail 更新服务，使 RSS 订阅服务扩展到更多的人群。

3. Podcasts（播客）

希望读者能通过专家和嘉宾来发现图书馆的宝藏。主要包括国家图书节（National Book Festival）、接龙故事游戏（The Exquisite Corpse Adventure）、数字化保存（Digital Preservation）、口述奴隶制记录（Slave Narratives）和音乐与大脑（Music and the Brain）5 个栏目，用户可以进行订制。

4. Webcasts（网络广播）

有十大最受欢迎的网络广播、新增的网络广播和特色网络广播，另外还可以看到国会图书馆相关的更多视听资源。

5. Flickr（网络相册）

将没有已知版权保护的珍贵照片上传到 Flickr 网站上，允许用户对资源添加描述、标签、进行评论和收藏。

6. I Tunes U

利用 itunes 软件订阅国会馆的图片和音视频资源。

另外,国会馆还在 Facebook、Twitter 和 Youtube 上设立频道,推广服务。

7. Myloc

整合 RSS、Tag、Ajax 等多种技术,突出其新颖性和个性化,整合在线展览,用户可以收藏自己感兴趣的资源,并且可以进行一些在线的活动,主要针对教师和学生推出相关资源。

(六)加拿大国家图书馆

1. RSS

提供网站新内容的链接,如网页升级信息,提供的新服务和新数据库的描述等。

2. IM(即时通信)

加拿大图书档案馆提供在线咨询服务,用户在周一至周五的下午 2 点到 4 点之间(法定节假日除外)可以与工作人员进行交流,在线咨询。

3. Social Tagging

用户可以在个性化的网络空间中保存感兴趣的网站地址,利用自己的术语方式来对网站分类,与别人一起发现和分享相关网页内容。主要可以通过 Delicious、Digg、Diigo、Facebook 和 Technorati 5 种方式进行分享。

4. Delicious

作为目前网络上最大的书签类站点,可以帮助用户共享他们喜欢网站链接的流行网站。Delicious 提供了一种简单共享网页的方法,它为无数互联网用户提供共享及分类他们喜欢的网页书签。

5. Digg

掘客类网站其实是一个文章投票评论站点,它结合了书签、博客、RSS 以及无等级的评论控制。它的独特在于它没有职业网站编辑,编辑全部取决于用户。用户可以随意提交文章,然后由阅读者来判断该文章是否有用,收藏文章的用户人数越多,说明该文章越有热点。

6. Diigo

Diigo(Digest of Internet Information,Groups and Other stuff)是一款有力的资源搜索与管理工具,一个知识分享的平台,在这里,你有一个属于自己的网上空间,除了可以像空间一样的作用(交友、分享),还可以收藏自己喜欢或常去的页面,同时可以编辑页面,如高亮显示、小评论,并且可以添加标注。

7. Technorati:是一个著名的网志搜索引擎。

8. Brodcast(播客)

将馆藏资源中的音视频资源进行展示,如"virtual silver screen"就可以通过播客看到一些珍贵的老电影。

(七)法国国家图书馆

1. Blog

对图书馆的资源进行介绍和展示,支持用户的评论和分享到 Delicious、Digg、Mixx、Google 和 facebook 等网站。

2. Netvibes

使用 Ajax 的个人化首页,用户可以依据喜好和需要自定页面的模组、页签及外观布景,非注册用户可以在自己电脑存取自己的个人化页面,而注册用户可以在任何电脑存取。在 Netvibes 页面,将 facebook、twitter、google 和 Wiki 等内容整合到一起,使用户便于了解法国国家图书馆的资源和发展变化。

3. RSS

提供关于馆内的文化活动、书目信息和相关专业信息。

(八)俄罗斯国立图书馆

Livejournal(博客)

介绍馆藏资源和图书馆的相关事件,支持用户评论和分享到 Digg、Facebook 和 livejournal 等网站。

Flickr:将具有版权的图片上传供用户观看和评论,但不可以转载和分享。

(九)英国国家图书馆

英国国家图书馆(http://www.bl.uk/)是一个立足于英国,服务于全世界的图书馆,拥有精美丰厚的馆藏,已有 250 多年的历史,堪称世界上学术、研究和创新的主要源泉之一。其网站内容丰富、架构清晰,并应用了一系列 Web 2.0 的理念和技术,以此满足各种用户对图书馆资源与服务的需求。

1. 博客

网站中有博客专栏(http://www.bl.uk/blogs/index.html),图书馆可以在这里及时发布信息,读者无障碍地获取这些信息,并且可以实现馆员与用户互动,以及用户与用户之间的互动。以 Taking Liberties(http://britishlibrary.typepad.co.uk/takingliberties/)为例,不同的用户可以对此信息发表自己的看法,用户也可以对其他的用户所发表的意见进行评论,从而实现不同用户之间的互动。

2. RSS

网站中的很多栏目中使用了 RSS,如博客(http://www.bl.uk/blogs/index.html),播客(http://www.bl.uk/podcast),大英时事通讯(http://www.bl.uk/newsletters/subscribe.html),大英要闻(http://www.bl.uk/news/pressreleases.html)等,用户可以通过 RSS 信息推送服务了解和获取网站中最新信息。

3. 社会书签

网站中提供了社会书签,用户可以将自己喜欢的页面进行收藏并与其他朋友共享。例如,在大英博客栏目中,提供了书签,用户可以通过 Digg,或者 delicious 将自己喜欢的页面收藏并与朋友共享。

4. Tag 标签

英国国家图书馆的网站中应用了 Tag 标签,用户可以按照已经分门别类的信息选择自己需要的信息。以 Taking Liberties(http://britishlibrary.typepad.co.uk/takingliberties/)为例,用户可以方便快捷地找到对"Taking Liberties"这个展览的各个方面的评论信息。

5. 播客

提供了播客(http://www.bl.uk/podcast),用户可以获取视频资源。该网站上提供了关于在线展览的视频,以及馆长的会见、讨论、演讲等的相关视频。同时,用户可以通过 RSS 定制相关视频信息。

6. OPAC 2.0

OPAC 检索位于网站首页显著位置,为一站式检索,并应用 Web 2.0 相关的技术。

首先,可将检索结果按照相关度、日期进行排列,用户可以根据自己的需要选择不同的排序标准。

第二,引入用户文件夹功能:用户可以将检索结果保存到"My folder",便于查看历史检索情况,并可将检索结果保存到本地或发送到指定邮箱。此功能不需要用户进行在线注册或登录。

第三,将 Tag 标签引入"Online Gallery images"数据库检索,用户登录后可添加或删除标签。

第四,在"Online Gallery images"中,可将检索结果页面分享到 Facebook、Reddit、Digg、stumbleUpon,及添加美味书签(delicious)。

第五,相关推荐。在检索结果的页面上会出现与检索项相关的主题推荐,用户可以通过此推荐了解更多相关内容。

第六,相关资源。在某一检索结果中,介绍该条目还有哪些机构收藏了,并给出相应的链接。

第七,更多检索选择。对于未能通过一般检索找到所需资源的用户,网站提供更多选择类别,如专业目录检索、实体文献提供等。

第八,用户可以进行评论。用户登录之后可以对某一文献进行评论。

7. Facebook

网站与 Facebook 网站合作,开辟 Find us on Facebook 专栏(http://www.facebook.com/pages/The-British-Library/8579062138),用户可以通过各种方式互动,如留言,发站内信,评论日志。用户可以方便快捷地找到与自己有共同点的人。用户可以对英国国家图书馆的展览进行留言或评论,可以添加与英国国家图书馆相关的照片或者上传相关视频资源,也可以在圈子内组织各种活动、发起讨论、结交朋友等。

8. Flickr

网站与 Flickr 网站合作,开辟 Find us on Flickr 专栏(http://www.flickr.com/photos/britishlibrary/),提供全面高效的关于英国国家图书馆的图片服务,包括图片上传与存放、分类、加标签(Tag)、图片搜索等。用户可以通过此项服务结交更多的朋友,将上传的图片有规则地组织起来,方便浏览、交流、分享。此外用户可以在自己的好友圈子里相互交流,分享图片、知识等。

9. Youtube

与 Youtube 网站合作开辟 Find us on Youtube 专栏(http://www.youtube.com/bipctv? gl = GB&hl = en-GB)。用户可以上载、观看及分享视频短片。

10. Twitter

该图书馆网站推出了 Twitter 服务(http://twitter.com/britishlibrary)。因其发文的长度有严格限制,短小精悍,被称为迷你博客。Twitter 功能强大,可以多人互动,又能与 IM 工具、手机互联互通,及时快速传递,深受用户的喜爱。定制英国国家图书馆网站的 Twitter 服务,可以及时快速地了解各种动态信息,如展览、通讯、新闻等。

11. TripAdvisor

图书馆网站与 TripAdvisor 合作,开辟 Review your visit on TripAdvisor 专栏(http://www.tripadvisor. com/Attraction_Review-g186338-d187728-Reviews-British_Library-London_England. html),用户可发表对于英国国家图书馆的评论,加强用户相互之间的交流与互动。

12. AudioBoo

与 AudioBoo 合作,开辟 Heat us on AudioBoo 专栏(http://audioboo. fm/britishlibrary? page =1),上传音频供用户下载收听。但目前此栏目更新频率较低。

13. iTunes

网站部分资源可提供 iTunes 免费下载(http://itunes. apple. com/us/podcast/british-library-podcasts/id174455610? ign-mpt = uo =4),用户下载后可通过 MP3 或 iPod 收听。

14. 开发适用于新媒体的应用程序

针对 Treasures of the British Library 栏目,开发适用于 iPhone、iPad 和 Android 智能手机的应用程序,用户购买应用程序后,即可通过对应终端设备查看 Treasures of the British Library 栏目的所有珍贵馆藏资源。

此外,值得一提的是英国国家图书馆对各种新技术在网站上的应用单独制作了一系列的页面,即 http://www. bl. uk/index4. shtml,该首页将运用 Web 2.0 技术的一些栏目进行一一列举。

(十)日本国立国会图书馆

日本国立国会图书馆网站有日文、英文两个版本,Web 2.0 应用主要包括:

1. 页面字体大小可调整

提供标准字体和大字体两种选择,用户可根据自己的需要进行调整。

2. RSS

日本国立国会图书馆网站的一些栏目提供 RSS 推送服务,如网站首页上的图书馆要闻、数字资源门户系统等。NDL 将所有提供 RSS 推送的栏目整合到一个页面,方便用户全面了解 RSS 推送情况,根据自身需求进行定制。

3. Email Magazine

提供 3 份日文杂志的 E-mail 推送。

4. 支持手机用户浏览页面:日本国立国会图书馆网站的一些栏目可供手机用户浏览,如图书馆要闻、开放时间等,方便用户随时掌握图书馆动态。

(十一)新西兰国家图书馆

新西兰国家图书馆网站(http://www. natlib. govt. nz/)对于 Web 2.0 技术和理念的应用,体现在以下几个方面:

1. OPAC2.0

首先,检索结果可按照相关度、访问数和日期进行排序,用户可根据各自需要选择合适的排序方式。

第二,用户可以将检索结果保存到"My favorites",便于查看历史检索情况。此功能不需要用户进行在线注册或登录。

第三,精简我的检索。用户可以在已检索到的结果中,通过限定主题、作者、日期、文献类型、语言、分类、收藏机构来达到精简检索结果的目的,以迅速定位所需资源。

第四,检索结果页面,图书、期刊类文献均附有封面图片。若某种书籍拥有不同版本,也会在检索结果中做出提示(如下图)。

2 **China** more...
Julia Waterlow
Book Hove, East Sussex : Wayland, 1999.
An introduction to the geography, climate, schools, sports, food, recreation, and culture of China. Suggested level: primary.

▶ There are 7 versions of this item

☑ In My Favourites
Available at the National Library(Go)

图 1 新西兰国家图书馆网站检索界面

第五,延伸结果:用户输入检索条件后,同时在"Digital New Zealand"站点上检索符合条件的内容,并输出结果。

第六,检索推荐。根据用户检索结果,推荐相关主题或作者的检索。

2. 博客

网站上有博客专栏(http://www. natlib. govt. nz/about-us/news/national-library-blogs),其博客大致包括如下 3 种主题,新西兰桂冠诗人、新西兰国家图书馆的新技术、激发读者,尤指儿童和青少年。该栏目为用户提供了一种与新西兰国家图书馆保持联系的新手段,实现了馆员与用户互动,以及用户与用户之间的互动。

3. RSS

新西兰国家图书馆网站提供 RSS 推送服务,当网站上发布新信息,或更新原有内容,用户可以通过 RSS 获取这些信息。在该页面中(http://www. natlib. govt. nz/about-this-site/rss-feeds)提供了新西兰国家图书馆网站中提供 RSS 推送服务的各个栏目,如图书馆要闻、blog 等。

4. Tag 标签

新西兰国家图书馆网站中应用了 Tag 标签,用户可以按照已经分门别类的信息选择自己需要的信息。以最新常见问题为例(http://gethelp. natlib. govt. nz/2009/03/24/email-ti-tles-from-nbd/),用户可以方便快捷地找到自己感兴趣的问题的相关信息。

5. 即时通信

新西兰国家馆提供在线咨询服务,用户在规定的时间里可以与工作人员进行交流,在线咨询。在其网站上提供的在线咨询是与其他图书馆的联合虚拟参考咨询,一种是与澳大利亚国家图书馆和各州图书馆的联合,一种是与新西兰其他图书馆的联合。前者在线咨询时间为周一至周五的新西兰当地时间上午 11 点到晚上 9 点之间,后者在线咨询时间为周一至周五的新西兰当地时间下午 1 点到 6 点之间。

6. Twitter

新西兰国家图书馆于 2009 年开通 twitter(http://twitter. com/NLNZ),由新西兰数字图书馆工作人员负责,每两天更新一次,更新内容主要为图书馆最新动态或活动、展览图片等,读者也可通过 Twitter 留言咨询关于图书馆服务的相关问题。

7. Flickr

新西兰国家图书馆开通 Flickr 专栏,主要上传在线展览及馆藏图片等内容,用户可发表评论,并可申请 RSS 订阅(http://www. flickr. com/photos/nationallibrarynz_commons)。

二、Web 3.0 服务

Web 3.0 是新一代互联网应用的统称,是互联网的一个发展阶段,是形成这个阶段的互联网的各种技术产品和服务的总称。Web 1.0 解决了信息孤岛这一问题,Web 2.0 解决了信息单向传递的问题,Web 3.0 解决的是最优化信息的问题,它在 Web 2.0 的基础上,为了让人们更好地利用信息资源,一方面将多个来源的信息进行整合,实现了信息间的底层互通,另一方面结合用户偏好,根据用户的需求,智能化地处理海量信息,为用户提供个性化的聚合信息服务。总之,相对于 Web 1.0 的"浏览和下载"、Web 2.0 的"参与、展示和互动",Web 3.0 的核心理念是"个性、精准和智能"。

Web 3.0 从技术应用上来说包括了人工智能技术、语义网、地理空间等形式。

Web3D 虚拟平台丰富了图书馆对读者的服务模式,提供了高度互动的、有效替代面对面交流的沟通方式。国外如斯坦福大学、哈佛大学、伊利诺伊大学(UIUC)、俄亥俄大学都设置了虚拟图书馆。Second Life,Google Earth,World of War Craft 等是目前互联网上最为流行的 Web3D 平台,它们各自在虚拟现实、地理信息系统、电子娱乐等不同领域中占有举足轻重的地位。以 Second Life 为例,作为 3D 虚拟世界的先锋,Second Life 建立了一个"线上乌托邦",其发展历程对所有的后来者有着巨大的参考价值。Second Life 具有三大特点:一是将数据处理集中在服务器上,使客户端成为"浏览器";二是自带脚本系统,支持用户二次开发;三是在 3D 情景下支持 2D 网页显示。由此不难看出,Second Life 由于其开源的特性,用户可以在 3D 虚拟世界中建设任何建筑,包括图书馆。但遗憾的是,目前在 Second Life 中,无论是建模贴图还是功能与服务,在数字化虚拟图书馆方面的建设还停留在一个初期的阶段。虽然拥有大量的技术优势与特色,但因受到软件平台的限制,Second Life 能够提供的图书馆服务主要还集中在图文链接、留言板或语音的虚拟参考咨询等初级的服务。

JermoeDL 由 Gdansk 大学数字图书馆和 DERI 国际组织联合开发,是一个完全开源的社交语义数字图书馆系统。该系统设计语言以 J2EE 平台为基础,确保了系统的稳定性和可扩展性,同时,利用语义网技术和社交网络技术改进资源的浏览和搜索能力。每个数字图书馆用户可以对自身感兴趣的图书、文章或其他的资源进行语义标注,而且用户之间可以共享各自的书签和标注。用户可以评论资源的内容并对其他人的评论做出反应,以此方式创建知识。

数字图书馆已经成为关联数据的大本营,继 2008 年瑞典国家图书馆系统(LIBRIS)将自己的书目数据开放为关联数据之后,目前至少有以下 5 个国际级、国家级的数字图书馆开放了关联数据服务:欧洲国家图书馆、美国国会图书馆、德国国家图书馆、英国国家图书馆以及匈牙利国家图书馆。Europeana 是欧洲国家图书馆的数字资源门户,它聚合了一些来自欧洲的图书馆和文化机构的图书馆方面的元数据。它采用了 SKOS,以提高门户的互操作性。所谓 SKOS 是简单知识组织系统,是使用 RDF 来表示 LCSH、MESH 之类受控词表的 W3C 标准。W3C 宣布,SKOS 实现了全面关联数据化,搭建了知识组织系统(如分类表、词表)到关联数据之间的桥梁,这对于图书馆界来说意义深远。美国国会图书馆以 SKOS 格式将国会标题表 LCSH 全部关联数据化,并且提供 LCSH 词表的下载,成为关联数据应用的成功范例,推动了关联数据走向实用。美国国会图书馆除了将权威文档 LCSH 发布为关联数据外,还要创建不同资源之间的关联(如 LCSH 与 LIBRIS 进行关联)。2010 年 3 月,德国国家图书馆开始提供原型服务,初步建立 PND(个人名称规范)和 SWD(主题词规范)模型,建立同 Wiki-pedia、DBPedia 和 VIAF 的链接。同年 4 月,开通了测试服务,发布进一步完善的 PND 和 SWD 数据,初步建立 GKD(团体名称规范),并添加到 LCSH(美国国会图书馆主题词表),RAMEAU(法国国家图书馆主题标目)的链接。同年 8 月,加入德国 DDC,建立 SWD-DDC 的链接,更新 SWD 数据,PND、GKD 数据没有更新。2011 年 1 月,建立通过 OAI-PMH 和 SRU 访问数据的方法,完善了 URI/URL 模式。2012 年 1 月,书目数据发布为关联数据。从长远看,德国国家图书馆计划提供允许整个词义网社区能够使用其国家书目记录及规范数据的关联数据服务,并对关联数据云的稳定性和可实现性做出显著的贡献,使其高质量的数据能够成为语义网重要支柱之一。2010 年英国大英图书馆和匈牙利国家图书馆几乎同时将书目数据发布为关联数据。

　　从国内外图书馆 Mashup 服务的开展方式可以看出,目前图书馆 Mashup 的应用有两个特点:一是利用集成融汇技术,重新组织图书馆资源,建立面向特定研究领域的综合性服务。二是开发集成融汇工具,建立图书馆集成融汇服务平台,支持图书馆服务向用户环境的嵌入。印第安纳大学的 Variations/FRBR 项目是由博物馆和图书馆服务机构(National Leader-ship Grant)支持的,目标是建立印第安纳大学数字音乐图书馆系统 Variations 和书目记录功能需求(FRBR)概念模型的测试平台。重点是在真实环境中测试书目记录功能需求,并提供数据、代码和系统设计规范,以方便那些对书目记录功能需求感兴趣的人使用。项目最终建立了一个可以对 FRBRized 音乐数据进行测试和分析的系统,并可以通过 OAI—PMH、SRU 以及批量下载的方式获取 80 000 份录音记录,105 000 份评分记录以及 IU William and Gay-leCook 音乐图书馆中的部分记录。德克萨斯大学图书馆开发出很多 Widget 小工具,用于提供 Mashup 应用服务,包括搜索 Widget,信息组织 Widget,共享协作 Widget 等 20 多个,提供的服务包括:①通过这些 IE 插件,可以直接浏览检索德克萨斯大学图书馆的书目资源和数据库资源。②可以将 Widget 嵌入到 Facebook、iGoogle、Google wave、Blackboard 等网页中,以便在用户个人环境中就可以使用德克萨斯大学图书馆的书目资源和数据库资源。③开发 OCLC 联合目录 WorldCat 的手机版,用户使用手机就可以查询 WorldCat 中的书目信息。④开发用于收集、组织、管理和引用文献资料的 Widget,便于用户写作和网络资源共享。2006 年 12 月,在美国华盛顿,由安德鲁·W·梅隆基金会主办的"网络化信息联盟(the coalition for networked information)"会议上,Plymouth 州立大学 Lamson 图书馆的信息建构师 CaseyBis-son 因其研制的 WPopac 软件获得了梅隆基金年会的 MATC 大奖。WPopac 实际上是一种可供图书馆读者查询使用的在线目录,不同的是它以最为流行的开放源代码博客发布和管理软件 WordPress 为框架,在众多的 API 支持下,经过对 WordPress 底层代码的适当修改,以博客的形式发布了图书馆 OPAC 在线目录。在此之前,虽然每天都有数以万计的因特网用户利用搜索引擎在线查询数百万主题的信息,但是这些检索结果中来自图书馆的却少之又少。WPopac 将会给在线查询过程带来革命性的转变,以博客形式发布的图书馆馆藏的题名及相关描述信息会很容易被人们发现。同年英国 TALIS 公司主办了全球性的图书馆 Mashup 竞赛"Mashing Up The Library competition",鼓励图书馆数据的显示、使用与复用,用地图、评论、图书封面、大众分类等强化 OPAC。

三、移动服务

移动数字图书馆作为现代数字图书馆信息服务的一种崭新的服务系统,是指依托目前比较成熟的无线移动网络、国际互联网以及多媒体技术,使人们突破时间和空间的限制,通过各种移动终端(如手机、平板电脑、手持阅读器等)方便灵活地获取图书馆的服务(如书目查询、预约图书、续借等)和资源(如浏览与在线阅读等),以及利用移动技术对图书馆业务流程的改善(如手机一卡通服务)。

(一)英国

英国是西方发达国家中开展图书馆移动信息服务较早,同时也是比较注重相关理论研究与应用调查的国家之一。2009 年 5 月 28 日,英国剑桥大学与开放大学曾联合发布一份题为《移动图书馆:移动信息使用》的项目报告,该报告对英国图书馆移动信息服务的现状、问题、发展趋势等进行了比较系统的调查和论述。

通过一系列有针对性的调研,英国的图书馆学者得出初步结论,认为当前英国公众通过手机接触信息还存在很多障碍,但图书馆确实可以提供也应该提供若干必需的移动信息服务。报告分析说,尽管在过去几年通过手机访问互联网的价格在不断下跌,而且在消费者舆论的压力之下,今后价格还会进一步下跌,但当前英国公众访问信息更希望通过短信而不是移动网络,同样英国图书馆用户使用短信仍然比移动网络访问更加普遍。当然从长远看,苹果 iPhone 手机或其他智能手机的出现和普及有可能改变目前的状况,苹果 iPhone 手机的用户已经出现更多的使用手机阅读电子图书的趋势。

目前英国图书馆的移动信息服务,主要涉及以下几个领域:

1. 短信提醒

这是目前英国图书馆移动信息服务中最为基础和普及的方式。以英国的大学图书馆为例,目前很多在校学生能够在多个方面接受短信提醒,并非常乐于接受来自图书馆的短信告知,比如他们预约的图书什么时候能到,图书什么时候到期需要续借或者已经过期了。

2. SMS 参考咨询

具体说就是指读者通过发短信来提出问题,并以同样方式接收答复的服务。在 SMS 参考咨询方面,最广为人知的 Any Questions Answered。英国图书馆学者通过调研,发现有 27% 的被调研者表示使用过相关服务,同时也有 26% 的被调研者表示知道这项服务之后愿意试一下。可见,图书馆向读者开通通过短信提交问题这项服务是非常有尝试意义的。有关专家认为,如果图书馆方面接到读者的提问,而答案能够控制在 160 个字符之内,除非有通话的必要,否则通过短信将答案告知将更为便利。当然,通过短信来回答复杂的问题是不太可行的。

3. 移动 OPAC

英国剑桥大学图书馆的工作人员发现,读者喜欢使用自己的手机将电脑屏幕上检索出的目录结果拍摄下来,而不是取一张纸将分类号记录下来。在相关调查中,有大约 50% 的读者表示他们会将标识图书以及其他最新的参考信息拍摄下来以用于保存。另外,所有被调研者中有 55% 的人希望能够通过手机来访问图书馆的书目。这些实际已经应用在 OCLC 的 Worldcat 中,图书馆只要将其书目数据上传到 Worldcat 中,就能应用这种服务。

总之,目前在英国手机还被大多数人认为是打电话和收发短信的工具,因而他们往往会忽略手机的其他功能,例如查询信息等。然而人们越来越依赖手机,而且开始成长起一小部分人,用手机来写日记、做记录、收发电子邮件以及访问互联网,因而,读者对图书馆提供友好的手机服务的期望也会不断增长。而毋庸置疑的是,有越来越多的学术团体开始使用手机互联网访问,并证实了图书馆为正在发展的手机互联网贡献了资源。

（二）美国

美国在西方发达国家中是信息技术应用最为先进,服务领域最为广泛的国家,在图书馆移动信息服务方面也始终发挥着一定的引领和示范作用。

美国图书馆协会于 2008 年 5 月和 2011 年 3 月先后出版的两个移动图书馆研究专题和 M. Farkas 在 2010 年的演讲报告中针对国外移动图书馆特别是美国图书馆界的总体发展情况进行阐述,对移动互联网的发展情况、移动手持设备功能、移动服务内容和方式等进行分析,提出了移动图书馆建设的相关策略、存在问题及当前正在采取的措施等。美国图书馆开展的移动信息服务,除了传统的短信服务(主要应用于图书馆外借服务、新闻推送、参考咨询服务等方面),更主要的是充分利用了无线互联网络。近年来,美国图书馆界以及信息服务商,在无线互联网环境下,针对 iPhone 手机用户开发出大量图书馆移动信息服务的软件产品,并且以技术为先导大大拓展了图书馆移动信息服务的领域和范围。

1. 移动 OPAC

目前在美国图书馆界,使用比较广泛的移动版 OPAC 系统,有哥伦比亚特区公共图书馆的 DCPL、俄勒冈州图书馆系统的 OCLS 以及 OCLC 的 WorldCat 移动版,其中又以 WorldCat 移动版功能最为先进。

2. 以提供文摘索引及参考文献为对象的移动用户专用软件产品

在这个领域,目前美国使用较为广泛的软件系统包括:arXiv,IEEE Xplore。arXiv 是针对苹果 iPhone 手机上开发的文献检索与提供的专用程序。IEEE Xplore 产品的移动服务可以直接在手机设备上对所有 IEEE Xplore 文档进行自由的检索。

3. 以提供电子图书及数字馆藏为对象的移动用户专用软件产品

如电子图书馆(EBL),杜克大学数字馆藏 iPhone 版,手机版维机百科,手机电子图书阅读器 Kindle 等。美国杜克大学图书馆在数字馆藏应用方面重视在 iPhone 领域发布特殊收藏品的图片数字资源,该项目被命名为:DukeMobile。目前,该图书馆为其手机读者提供了 20 种馆藏的数字资源信息——大约 32 000 张图片——覆盖了女性历史、早期美国活页乐谱、杜克历史以及其他主题。

4. 用于信息素养教育的学习类软件产品

如 iPhone 版 Blackboard。苹果 iPhone 手机和 iPod 设备上应用的 Blackboard 学习软件,能够使用户通过移动设备接收到 Blackboard 课程和组织的变化以及更新的程序。这些程序包括对新的课程计划、课程内容的更新,研究组的更新,以及社区讨论、年级更新等。当前这一程序还仅限于英语课程,也仅能通过苹果设备来完成下载。

总之,美国图书馆移动信息服务,重视高新信息技术在移动通信领域的应用以及与图书馆网络服务手段的结合。各种移动服务的软件产品层出不穷,极大地推进了图书馆移动信息服务领域的拓展和程度的深化,将对世界范围内图书馆移动信息服务蓬勃发展的趋势带来极大的影响。

(三)日本

在全球范围内,日本的移动通信技术较为发达,是世界上第一个开展 W-CDMA(一种第三代无线通信技术)通信服务的国家。日本图书馆较早地将移动技术应用于图书馆服务中,最早可以追溯到日本的富山大学图书馆——2000 年 9 月,富山大学图书馆开发了首个基于"I-mode"服务的手机书目查询系统"I-Book Service"(I-mode 是日本 NTT DoCoMo 公司 1999 年推出的移动上网服务)。在 I-mode 模式下,移动用户可以随时连接互联网进行浏览,只要开机就能一直保持在线,这种随时随地传送信息的方式深受用户喜爱。2001 年 5 月,日本东京大学图书馆(Tokyo University Library)也开通了基于 I-mode 服务的移动书目查询系统。图书馆移动手机用户可以进行在线书目查询,还可以享受图书的催还提醒、预约提醒、实时通知以及办理续借等服务①。日本绝大多数公立图书馆和大学图书馆都设有专门供手机用户登录的网站。

(四)芬兰

位于北欧的芬兰,是制定全球第一套 GSM 系统的国家,也是较早开展移动图书馆服务的国家之一。2001 年 11 月,芬兰的赫尔辛基理工大学图书馆开始推行移动图书馆服务,通过使用 Portalify 公司开发的图书馆系统 Liblet,以短信的方式为读者提供图书到期提醒、续借、预约通知、馆藏查询和参考咨询等服务②。随后,芬兰其他图书馆也陆续开展了移动图书馆服务。2002 年 2 月,芬兰奥卢市公共图书馆(Oulu City Public Library)、赫尔辛基经济学院(Helsinki School of Economics)以及芬兰国会图书馆(Library of the Parliament)相继采用 Liblet 图书馆系统,主要通过短信形式提供移动图书馆服务。此外,芬兰奥卢大学图书馆(Library of University of Oulu)提供 SmartLibrary 服务,其最大的特色是将学生位置信息纳入图书馆服务当中,根据学生所在的位置提供基于地点感知(location-aware)的服务③,例如查询馆藏并通过 PDA 找到图书。SmartLibrary 的服务对象不仅包括台式机用户,还包括 PDA 用户和手机用户。从某种程度上讲,SmartLibrary 服务是移动图书馆智能化服务的延伸。

(五)韩国

韩国也是较早开展移动图书馆服务的国家。2001 年 7 月,韩国西江大学与 WISEngine 公司签订协议,共同推出了利用手机查阅馆藏资源的移动图书馆服务。该项服务以移动电话或 PDA 为无线通信终端机,将现有的有线互联网网站的内容同步地传递给用户。学生们利用这种服务不仅可以随时随地查询书目,而且可以查看检索的图书是否借出,并及时预定图书;还可以查询自己借阅的图书目录、借出图书的期满日、归还预定日以及图书是否逾期等信息。韩国亚洲大学图书馆(Ajou University Library)则将传统的图书馆服务转到移动图书馆服务中,包括馆藏查询、图书续借、图书预约服务等,同时也提供电子书下载服务,方便学生利用 PDA 浏览,使学生可以突破时空的限制使用图书馆服务④。随着移动服务的增加,

---

① 叶莎莎. 国内外移动图书馆的应用发展综述[J]. 图书情报工作,2013(6).

② Pasanen I. Around the world to Helsinki University of Technology:New library services for mobile users[J]. Library Hi Tech News,2002,19(5).

③ Aittola M. SmartLibrary-Location aware, mobile library service[EB/OL]. [2012 - 09 - 20]. http://www. Mediateam. oulu. fi/publications/pdf/442. pdf.

④ Mobile campus information[EB/OL]. [2010 - 09 - 20]. http://library. ajou. ac. kr/eng/.

早在2002年,通过手机阅读书籍的e-Book服务就在韩国成为时尚,移动阅读服务不仅改变了人们的阅读习惯,而且成为一种全新的生活方式。在韩国的大学图书馆里,手机二维码获得了广泛的应用,一般图书馆的入口处均安放了读取二维码信息的读码器,学生进入图书馆时,只需将手机中存储的二维码靠近读码器,便可将个人信息传到图书馆的电脑中进行身份识别。

随着移动互联网和通信技术的飞速发展,目前国外越来越多的图书馆都已经开展移动图书馆服务,其服务内容也在不断拓展,包括借阅到期提醒、图书续借、图书预约、书目信息查询、图书馆新闻通知、借阅信息查询、讲座信息、新书通告、书刊推荐、电子书阅读、移动参考咨询、图书馆导引视频、开馆时间查询、到馆路线导航、查询离当前位置最近的图书馆以及基于APP的应用等多种服务。

四、交互电视服务

电视图书馆是指通过第三类媒体(即电视媒体)把图书馆的资源和服务主动提供给用户、用户按需索取的图书馆。它借助电视网络把图书馆搬到千家万户,用户可以通过电视机进行OPAC(Online Public Access Catalogue,联机公共目录查询系统)查询、图书预约续借、看展览、听讲座、接受远程教育、进行参考咨询与互动等,从而实现图书馆的功能拓展和服务延伸。

欧美发达国家对数字电视的文化服务与展现方式的创新和研究是有目共睹的,纷纷制订符合本国的标准规范,并将双项交互电视技术应用于文化领域。

虽然商业性和私有制是美国电视发展的驱动力,但公共利益和公共服务也逐步通过国家政策法规予以保护和重视,1967年美国《公共广播法》生效,随后全国性非营利公共广播电视管理机构CPB成立(Corporation for Public Broadcasting,CPB),下设全国公共广播网、公共电视网(Public Broadcasting Services,PBS)两个机构,在原有教育电视台为主的基础上面向全国提供节目质量较高的文化、教育、艺术以及其他公共事务类电视内容。作为社会公共服务的机构分支,曾有学者就博物馆、图书馆与公共电视台之间的共性与合作可能进行过研究和实践探索,三者同样具有为公众提供公共服务和终身教育的职能,被视为是天然的合作伙伴,博物馆和图书馆是储备着海量文化与教育信息的实体机构,而公共电视具备传播这些信息的精良媒体资源和渠道。宾夕法尼亚大学发起了公共服务合作项目(Partners in Public Service,PIPS)探索图书馆、公共电视台和博物馆体系之间合作的可能性,该项目从全国选取了8个测试点参与到为期一年的实践研究中,项目由CPB提供资助,并由博物馆与图书馆服务研究院(Institute of Museum and Library Services,IMLS)支持完成,项目包括探讨三方合作的技术支撑、服务内容、服务受众等,并为今后向更广泛区域和更多机构推广提供示范①。

BBC作为英国甚至欧洲最具代表性的公共电视机构,致力于将更多优质的公共节目与信息全部自由地、无偿地流通,"以图书馆为师、要以公立博物馆为师",创造"普通的、共享的文化"(common culture)为目标②。

---

① Dana Carlisle Kletchka. MUSEUMS,Libraries,and Public Television:Partners in Public Service[J]. Art Education57.4,2004(7).

② Cutting the BBC:No surrender Economist[J],2010,3(6).

日本的电视公共服务可分为纯公共产品性质和准公共产品性质。前者具有完全非竞争性和非排他性,包括基础设施、教育电视频道和节目及相关法规政策;后者不具完全非排他性和非竞争性,包括有线电视、卫星电视、电影频道和放映及教育电视台的付费频道和节目①。

五、触摸屏服务

国外图书馆界在触摸屏技术领域的应用也非常广泛,欧美等发达国家的图书馆触摸屏服务起步较早,取得了很好的效果。

（一）美国

2009 年 8 月,日本索尼公司与美国许多公共图书馆达成协议,推出了新的图书馆内容搜索服务"Library Finder"。用户不仅可以利用搜索引擎查找当地公共图书馆的电子书和其他数字内容,还可以持这款阅读器在美国各地图书馆直接下载电子书。

美国国会图书馆互动及在线自助服务系统使用了 23 个触摸屏信息站,收藏有 170 万个在库书籍条目②。北卡罗来纳州州立大学图书馆在校园设立有巨大的触摸屏终端和中心为全校师生提供数字服务③。约翰霍普金斯大学,一面约 3.66 米 ×2.13 米的高清视频墙即将为来到图书馆的宾客们投入使用,该视频计划的研究者将这个高科技设备视为"公共学习"的重要组成部分④。安装于墙壁上的高清大屏幕将图书馆的重点由普通的借阅,转移到了公共网络课程和团队合作建设项目上。视频墙能够让学生和教师从他们的智能手机和便携式电脑上上传资讯,互相进行分享,这个计划将人们的脑袋从电脑屏幕前面解放了出来。

（二）英国

英国国家图书馆在"旋转专栏"系统中用计算机动画、高质量的数字化图片和触摸屏技术展示其珍贵馆藏⑤。旋转专栏是个系统,用计算机动画,高质量的数字化图片和触摸屏技术模拟书页翻动的动作。旋转专栏允许访问者到位于圣潘克拉斯的展览陈列室查询图书馆的珍藏。过去,参观者到图书馆陈列室受到书所展示的状态的限制,只可能看到打开的页面,而现在看电子版这个问题就迎刃而解了。

（三）法国

法国国家图书馆开放了一个全部由新技术装备的阅读空间,开放该空间的目的是帮助那些习惯于纸张阅读的传统读者熟悉新的技术,让读者抢先体验一下在未来图书馆中徜徉的感觉。阅读空间位于法国国图大厅东侧,触摸屏、电子纸、选择墙、实境提升技术等取代了传统的书架、书页,成为新的阅读和书写工具。矗立在入口处的巨大触摸屏与法国国家图书馆的数字资源库相连,供读者查询所需要的资料,人们可以随意点取图书中感兴趣的段落放

① 薛晓琳.日本科教电视的发展现状[J].科教导刊,2010(7).

② 美国国会图书馆互动屏幕成功小觑[EB/OL].[2014-10-09].http://www.eefocus.com/bbs/article_120_98550.html.

③ 张丽华.北卡罗来纳州州立大学图书馆在校园设立巨大触摸屏终端和中心[J].图书情报工作动态,2010(9).

④ 多点触摸墙互动大屏幕让学习更精彩[EB/OL].[2012-09-26].http://www.uiworks.cn/chumopin/368.html.

⑤ 世界各国图书馆资料库:英国图书馆[EB/OL].[2014-10-09].http://www.nlc.gov.cn/newtsgj/sjgg/newouzhou/gb/201011/t20101128_17802.htm.

大阅读;选择墙可以将数据输入终端;电子阅读板配有用于书写的探针,读者可以借此像平时那样勾画摘记。此外,空间还配有一套实境提升系统,"当一条街道出现在取景器里时,街道两旁建筑物的信息就会出现在屏幕上。""当一个平面标记通过摄像头输入后,将会以三维的方式立体呈现在眼前。"

(四)德国

德国汉堡中央图书馆通过触摸屏完成馆藏的自动归还。

(五)西班牙

西班牙马德里地铁图书馆从设计之初就以便民为宗旨,将便携性和服务性落到了实处。地铁图书馆根据上下班时间将开放时间设为 13:30—20:00。图书馆外墙上安装了电子触摸屏和书箱,方便读者查询和还书。读者凭身份证可以在任一地铁图书馆办理通行马德里大区各图书馆的借书证,办证和借书都免费①。

(六)澳大利亚

澳大利亚昆士兰州图书馆馆藏总计超过 350 万件,电子阅览室座位超过 150 个。在昆士兰州立图书馆的每一层都可以看到触摸屏,其中介绍了大量土著文化和澳大利亚历史,具体展现形式包括图片、音频、视频等,并且每一个资源都有一个进行标记的号码,也就是数字资源的唯一标识符②。

(七)韩国

在韩国国立数字图书馆,读者使用数字设备、数字资料等,可以得到所有必要的服务支持。多路传输空间:拥有 3D 虚拟现实、射频识别、传感网络、触摸屏等领先时代的数字信息使用环境。这里的信息资源全部以数字形态存在,读者如果不能熟练使用就将直接影响阅读,因此有关培训和服务支持是必需的。这里的馆员会向读者提供比传统图书馆或电子图书馆更加积极和综合性的帮助。这就是基于"信息共享空间"的服务支持。韩国国立中央图书馆数字图书馆入口处设有触摸屏检索亭,可提供信息检索及阅览服务③。

韩国首尔图书馆充分利用旧市政厅的历史资源,特别开辟了博物馆区域,以展示韩国首都的发展史。通过使用电子触摸屏或者阅读史料书籍,读者可以全面直观地了解首尔的历史和发展变迁④。

(八)日本

日本的大阪府立中央图书馆,用户可以通过触摸屏和键盘两种终端查找图书馆所藏资料⑤。

---

① 西班牙:地铁图书馆传递书香[EB/OL].[2013 - 10 - 21]. http://cips. chinapublish. com. cn/gj/qy/tj/201310/t20131021_148686. html.

② 赴澳大利亚参加国际移动图书馆会议的报告[EB/OL].[2012 - 02 - 15]. http://www. nlc. gov. cn/newgygt/gnwjl/jltx/mllb/jltx035/cfgl_035/201202/t20120215_59706. htm.

③ 国立中央图书馆数字图书馆,韩国的文化地标[EB/OL].[2014 - 10 - 09]. http://www. koreana. or. kr/months/news_view. asp? b_idx = 307&lang = cn&page_type = list.

④ 走进全民共享的韩国首尔图书馆[EB/OL].[2014 - 10 - 09]. http://210. 34. 157. 78/detail. asp? serial = 74951&key = 0019.

⑤ 大阪府立中央图书馆.[EB/OL].[2014 - 09 - 05]. http://www. library. pref. osaka. jp/central/chinese. html.

第三章　国内新媒体服务的研究和实践

第一节　概述

计算机技术、网络技术和信息处理技术迅猛发展，深刻地改变了人们的学习方式、工作方式、生活方式和思维方式。

格兰研究统计：截至 2014 年 7 月底，我国有线数字电视用户达到 17 265.6 万户，有线数字化程度约为 77.08%[1]，中国 IPTV 用户数量达到 3630.2 万户。根据国家工业和信息化部发布的数据，2015 年 1—3 月全国移动手机用户已经突破 12.9 亿户。4G 用户持续爆发式增长，总数达到 1.62 亿户。[2] 我国互联网电视终端用户的规模近年来不断扩大，覆盖用户数目前已达到了 5000 万[3]。同时 Enfodesk 易观智库最新数据显示，截至 2014 年年底，中国移动阅读活跃用户数比 2013 年环比增长 20.9%，达 5.9 亿人[4]。中国互联网络信息中心（CNNIC）发布《第 35 次中国互联网络发展状况统计报告》显示，截至 2014 年 12 月，我国网民规模达 6.49 亿，全年共计新增网民 3117 万人。互联网普及率为 47.9%，较 2013 年年底提升了 2.1 个百分点[5]。由此可以看出，数字化时代用户的信息获取渠道与阅读方式呈现多样化发展态势。

而传统服务以国家图书馆读者统计数据为例，2008 年—2011 年每年到馆读者基本保持在 450 万人次，每年的读者外借书籍的数量保持在 2500 万册左右，从每年保持基本恒定的读者服务能力和借阅能力来看，传统的图书馆服务已经达到了饱和状态。因此，传统的图书馆服务方式已经无法满足人民群众随社会发展与技术进步而逐渐提升的文化需求，图书馆迫切需要开创新型的服务模式，实现多种新媒体技术应用，以适应信息时代的发展，满足用户的信息文化需求，提升其公共文化服务水平。

新媒体在我国发展之初就呈现出高歌猛进的势头，迅速扩张，纵深渗透，尽管其发展受到诸多因素的影响，但是服务内容和技术操作上的独特优势仍使其实现了质的跨越。

20 世纪末 21 世纪初，我国进入了互联网新媒体时代。各种传统媒体企业纷纷进军新媒

---

① 截至 7 月底中国有线数字电视用户达 1.72 亿户［EB/OL］．［2014 – 09 – 05］．http：//www. sarft. net/a/170053. aspx.

② 中国 IPTV 用户总数达到 3630.2 万户［EB/OL］．［2015 – 04 – 22］．http：//info. broadcast. hc360. com/2015/04/220833628105. shtml.

③ 我国互联网电视用户总量达到 5000 万［EB/OL］．［2014 – 07 – 05］．http：//news. xinhuanet. com/2014 – 07/05/c_1111472680. htm.

④ 2014 年中国移动阅读市场收入规模达 88.4 亿元［EB/OL］．［2015 – 01 – 28］．http：//www. chinanews. com/cul/2015/01 – 28/7013805. shtml.

⑤ 中国互联网发展状况统计报告（2015 年 1 月）［EB/OL］．［2015 – 02 – 03］．http：//www. cnnic. net. cn/gywm/xwzx/rdxw/2015/201502/W020150203456823090968. pdf.

体领域,例如,《人民日报》推出了网络版——人民网,新华社网站也改成新华网。其同阶段诞生的还有被称为"中国四大门户"的搜狐、新浪、网易、腾讯,它们如今仍广泛地活跃于大众的电脑屏幕,博客、微博这些影响时代的关键词也是借助这个平台进而发扬光大,不但对我国的社会、政治、经济产生了或积极或消极的影响,也逐渐成为人们的一种体验型生活方式。回顾中国网民的增长数据,可以清晰地看到:2005 年 6 月底,网民数超 1 亿人;2007 年 12 月底,网民数超 2 亿人;2009 年 6 月底,网民数超 3 亿人;2010 年 6 月底,网民数超 4 亿人;2010年年底,网民总数达到 4.57 亿人,普及率攀升至 34.4%[①];2012 年 12 月底,我国网民规模达 5.64 亿。到 2014 年年底,我国网民数量已经超过了 6.4 亿。中国已经成为全球互联网最大的市场,网络媒体和网络传播的作用不容忽视。

与此同时,有线网络的数字化也在循序渐进地进行,2003 年广电总局颁布《建立有线数字电视技术新体系的实施意见》和《我国有线电视向数字化过渡时间表》,标志着我国有线电视从模拟向数字整体转换的序幕从此拉开。

2004 年,手机报作为传统媒介和手机结合的新媒体形态崭露头角,并以其时效性和便捷性迅速受到大众青睐,目前手机报已不局限于单一领域,而是分工明确、门类繁多、种类齐全,涉及政治、经济、社会、文化、生活各个方面。截至 2010 年,手机报已经达到 1.5 亿的用户规模,付费用户数达到 7000 万户[②]。手机作为现代人们生活中不可或缺的一部分,已经相当于用户的第二台电脑,渗透到人们的工作学习生活,手机这个小小的智能终端蕴含着无限的能量,用户可以通过它完成电子邮件的收发、电子书报的阅读、视听节目的欣赏、WAP 网站的浏览以及即时通信的功能。

纵观近几年新媒体领域极为活跃,并逐渐显现出两个重要的特征:一是伴随着辐射范围的扩大、传播效率的提高以及信息终端的多样化使得传播的成本相对减少;二是信息传播的过程中受众越来越处于核心的位置,参与度和互动性逐渐增强,该过程已经从以传播者为中心的时代走向了以受众为中心的时代。

国内研究者普遍认为,新媒体概念仍然只是对传统概念的补充与延伸,而不是对原有概念的完全悖反或颠覆。我国对于新媒体技术的研究主要分为三个方面:一是对新媒体技术本体的研究,主要介绍了新媒体各个技术形态的发展演变,以尹韵公主编的《新媒体蓝皮:中国新媒体发展报告 2011》为代表,还包括张艳萍《浅析中国新媒体发展及趋势》、杨状振《中国新媒体理论研究发展报告》等;二是对以新媒体技术为支撑的各个领域的应用范例为主体进行研究,文章主要包括《数字技术解读历史陈列——新媒体技术在博物馆陈列展示中的应用》(刘新阳)、《新媒体技术在计算机学科教学中的应用》(朱海华,刘峰)等;三是将新媒体技术视作社会大背景来探讨对社会行业的影响,进而引发新的思路和畅想,代表文章有《新媒体技术背景下大学生思想政治教育的实现途径探讨》(徐玉)等。

---

① 尹韵公. 中国新媒体发展报告[M]. 北京:科学出版社,2011.

② 诺达咨询:2010 年中国手机阅读市场开始进入成熟期. [EB/OL]. [2010 - 10 - 21]. http://blog. sina. com. cn/s/blog_4ba911420100m810. html.

第二节　国内新媒体服务实践

一、互联网技术及服务现状

Web 2.0 主导了我国近几年互联网的方向,越来越多的人和资金涌入了 Web 2.0 的怀抱。

Web 2.0 是一种以 XML、RSS、AJAX 等技术为基础,融合了 Web 1.0 的应用模式及博客、SNS、维基等多种多对多互动应用服务模式,来满足不同用户社会化、人性化需求的服务平台①。Web 2.0 是与 Web 1.0 相对应的,由网络高手提供网络信息,门户网站发布网络信息,用户通过浏览器浏览大量网页的模式被称为 Web 1.0 时代;互联网经过十几年的发展,已经悄然改变了社会的生活状态和方式,网民需求日益扩展,网民要求以自我为中心来重新整合内容、娱乐、商务、通信及其他种种个人应用,以最大限度地满足个性化的需求。为了迎合这种需求,网络媒体也由原来众性的大众传播转为以个性为中心的个性化传播,于是,互联网迎来了参与、共享、个性化的 Web 2.0 时代。

Web 2.0 有许多表现形式和典型应用。Web 2.0 最典型的应用就是博客,它已经从传统媒体的补充转变为一种主流媒体:简单精确的图片,简短直接的文字,在第一时间将所见所闻、所感所思传至博客,人们开始习惯通过博客获取信息,而不是电视或者报纸,甚至不是门户网站。一些大型门户网站也推出专门的博客服务吸引用户。如新浪博客、搜狐的"声色"版博客。

在形形色色的文字博客之外,还有一种可以发布声音和图像的"博客",在 Web 2.0 家族中被称为播客,它是收音机、iPod、博客和宽带互联网的集体产物。它采用 RSS 订阅模式,任何 P2P 文件都可以成为播客,任何个人都可以制作节目发布广播,任何拥有 MP3、智能手机的人都可以自由地收听播客节目。就像博客颠覆了被动接受文字信息的方式一样,播客颠覆了被动收听广播的方式,使听众成为主动参与者。中国网民最熟悉的播客网站有土豆网、六间房、优酷网等,几年前网民们还需要先把迅雷或电驴上的视频缓慢地下载到本地电脑上来观看,现在大家无须下载即可即时浏览视频,分享网民们的集体创作了。

RSS(Really Simple Syndication)是基于 XML 语言格式的站点内容共享的简易聚合方式,用户可以在不打开网页的情况下阅读支持 RSS 输出的网页内容,并且可以通知用户网页内容的更新②。RSS 最大的特点就是为用户提供来源多样的个性化信息聚合,实现信息的"一站式"服务。同时,RSS 突破了门户网站的限制,使信息得以自由迁移。在 Web 1.0 时代,网站之间是互不相通的,各网站自行其道,但在 Web 2.0 时代,借助 RSS 和 XML 技术,实现网站之间的交流。Sina 点点通等就加入数十家网站的内容,用户可以根据自己的喜好,自由选择信息。

维基(Wiki)是一种多人协作式写作的超文本系统,所有用户都可以对网站内容进行编

①　2006—2007 年中国 Web 2.0 技术应用模式研究年度报告[EB/OL].[2014 - 10 - 21].http://it.ocn.com.cn/20075/1200753365.html.

②　李英,卫迎辉,赵冰.RSS 技术在图书馆个性化服务中的应用研究[J].情报科学,2012(6).

辑、维护和更新,其典型应用就是维基百科①。传统的百科全书是一种封闭式的精英写作文化,维基百科在内容编辑方面汲取了 Linux 的开放宗旨,使用门槛低,内容边界广。维基百科没有最终的正确条目,处于不断丰富和完善中,每个用户既是创作者也是信息共享者。没有商业目的的网民合作使得维基百科在内容上日臻完善。通过百科全书撰写方式将网民与互联网真正黏合在一起,将平民化的思想锋芒,引领到代表大众精神的主流文化中,使得普通的民众成为紧握话语权的主体。

SNS(社会性网络软件)依据"六度分割"理论,以认识朋友的朋友为基础,扩展自己的人脉②。SNS 网站就是依据六度分割理论建立的网站,帮你运营朋友圈中的朋友。Myspace、Facebook、校内网、开心网等都是国内外著名的社区网络,这些社区网络往往构造一个虚拟社区,模拟现实生活中的场景。以开心网为例,它提供了争车位、买房子、模拟炒股、朋友买卖等组件,使人们在虚拟社区中加强联系,实现在现实社会中暂时还没有实现的梦想。

Web 2.0 的迅速发展还得益于互联网技术的升级换代为其提供了技术支撑。如 Blog、Podcast、XML、Tag、RSS、Trackback 等技术更及时、更多样地实现了信息的交流与传播;AJAX(异步传输)是多种技术的整合使数据处理速度加快;SNS,P2P 传输技术加强人们的直接沟通,消除中间环节;开放 APIs(开放式应用程序接口)和 RIA(富界面应用)融合更多的桌面软件应用与服务,Microformat(微格式)与 Microcontent(微内容)等互联网内容协同格式扩展了 Web 2.0 网站的交互功能。这一系列技术的出现与应用代表着互联网正在从由静态网页集合向提供软件服务的载体演进,为 Web 2.0 的发展奠定基础③。

在 Web 2.0 概念诞生后不久,互联网界又诞生了一个新的名词——Web 3.0。Web 3.0 的出现,各种新的网络技术和应用,势必带动互联网和新媒体的新一轮的急速发展。武汉大学信息管理学院的吴汉华、王子舟在总结各家观点的基础上指出④:Web 3.0 不仅是使用 RDF、OWL、SPARQL 标准技术产生的、可以作为各种应用程序数据库的智能化网络,而且是对于 Web 2.0 深入发展的结果,是对当前开源软件、资源共享、广泛参与等因特网观念的升华,是本体技术以及知识组织观念在网络空间中的延伸和深入发展。Web 3.0 为网络技术带来了深刻的革新,比如 3D 空间、图像及声音等,并且还会利用各种新技术对各种网络资源进行整合,比如 3D 虚拟社区等。网络服务将更加智能化和知识化。Web 3.0 的核心理念就是"人性化"加"智能化"。

Web 3.0 的主要特征包括⑤:微内容的自由整合与有效聚合;适合多种终端平台,实现信息服务的普适性,从 PC,互联网到 WAP 手机、PDA、机顶盒、专用终端,不只应用在互联网这一单一终端上;良好的人性化用户体验以及基础性的个性化配置,Web 3.0 以人为本,将用户的偏好作为设计的主要考虑因素;有效和有序的数字新技术,Web 3.0 将建立可信的 SNS,可管理的 VoIP(Voice over Internet Protocol)与 IM(Instant Messaging),可控的 Blog、Vlog 和 Wiki,实现数字通信与信息处理、网络与计算、媒体内容与业务智能、传播与管理、艺术与人

---

① 王惠,王树乔. SNS 应用于图书馆 2.0 服务初探[J]. 图书馆学研究,2010(6).

② 百度百科. Wiki[EB/OL]. [2014 – 10 – 21]. http://baike.baidu.com/view/737.htm.

③ 王伟军,孙晶. Web 2.0 的研究与应用综述[J]. 情报科学,2007,25(12).

④ 吴汉华,王子舟. 从"Web 3.0"到"图书馆 3.0"[J]. 图书馆建设,2008(4).

⑤ 黄润. Web 3.0 及其对图书馆的应用展望[J]. 图书馆学刊,2009(6).

文的有序有效结合和融会贯通。

随着 Web 2.0 和 Web 3.0 的快速发展,对网络技术有了新的要求。无论是 1999 年 W3C (World Wide Web Consortium,万维网联盟)发布的 HTML4.01①,还是 2002 年发布的 XHTML2②,都已不能满足 Web 快速发展的需要。此时,HTML5 应运而生。

HTML5 作为 Web 标准的组成部分,广义上指的是包括 HTML、CSS 和 JavaScript 在内的一套技术组合,为了能够减少浏览器对于需要插件的丰富的网络应用服务(Plug-in-based Rich Internet Application, PRIA),如 Adobe Flash、Microsoft Silver light 与 Oracle JavaFX 的需求,并且提供更多的能够有效增强网络应用的标准集③。

虽然 HTML5 规范还未完全确定,但各大浏览器厂商和视频服务供应商已经开始着手以 HTML5 来占领市场。HTML5 之所以能如此迅速地发展,得益于它的新特性:

(1)新的 HTML 元素和属性

HTML5 提供了一些新的元素和属性,例如 < nav > 和 < footer >。这种标签将有利于搜索引擎的索引整理,同时更好地帮助小屏幕装置和视障人士使用④。除此之外,还为其他浏览要素提供了新的功能,如 < audio > 和 < video > 标签。通过音视频标签可以实现在网页中直接嵌入视频,完全不需要如 flash 等第三方插件。

离线访问与存储。

离线存储的目的是为了让用户在离线状态下也能够访问 Web 站点。HTML5 为 Web 的离线存储制定了一套标准,进而在真正意义上实现 Web 离线存储⑤。这样就可以使得用户在离线状态下也能够继续访问 Web 站点。

画布(Canvas)标签。

画布标签让交互式 Web 图形向前迈进了一步,该标签可用来把浏览器窗口的某些区域定义为动态位图。Web 开发人员可使用 JavaScript 来处理画布中的内容,针对用户操作实时渲染图形,并利用 HTML5 开发出完全交互的游戏。

(2)改进 HTML Web 表单

HTML5 定义了超过 12 个输入类型,且都可以在表单中使用。比如,新的 HTML 标签 < header >、< footer >、< dialog >、< aside >、< figure > 等的使用,将使内容创作者更加语义地创建文档,之前的开发者在这些场合是一律使用 < div > 的。HTML5 还引入了一种在网页中提供额外语义的标准方式——微数据。它可以让用户自己创造超越 HTML5 的词汇和语义,扩展自定义的网页。

(3)地理定位

地理定位实现了能够显示出用户在世界上的哪个位置,并且允许用户与其他人分享位置信息,并实现微博、博客等应用上位置内容的更新。

---

① HTML4.01 Specification[EB/OL]. [2014 - 10 - 09]. http://www. w3. org/TR/REC-html40.
② XHTML2.0[EB/OL]. [2014 - 10 - 09]. http://www. w3. org/TR/xhtml2.
③ HTML5[EB/OL]. [2014 - 10 - 09]. http://zh. wikipedia. org/wiki/HTML5.
④ 刘天寅. HTML5 与未来的 WEB 应用平台[J]. 阴山学刊,2010(2).
⑤ 龙奇. 新一代网络技术标准 HTML5 的研究[J]. 科技信息,2011(10).

二、我国数字电视技术及服务现状

(一)数字电视的种类

随着数字技术的发展和网络技术的进步,电视不仅在视听呈现上有了很大的提高,更是实现了双向交互式传播,赋予电视更大的发展空间。

数字电视(Digital Television,DTV),是指从节目源的拍摄、编辑、发射、传输到接收、显示的所有环节都使用数字电视信号或该系统所有的信号传播都是通过由0、1数字串所构成的数字流来传播的电视类型[①]。

依据数字电视服务所依托的运行环境及网络平台,目前国内存在的形式主要分为:双向交互式数字电视、IP电视、互联网电视、移动电视等。

1. 双向交互式数字电视

双向交互式数字电视的主要承载网络为广电系统HFC网络[②],系统构架包括前端系统,网络发布平台,用户终端三部分。通过为模拟信号电视机加装数字机顶盒,实现数字电视信号的解析:信号从有线电视网络前段经由HFC网络传输到用户终端,经过机顶盒内置Cable modem与电视的AV输入,最终为用户提供数字电视广播及交互信息服务。

双向交互式数字电视网络侧重于通过成熟的DVB解决方案实现电视广播功能,同时通过IPQAM、DVB+CM、DVB+LAN等方式实现点播等互动业务。因此双向交互式数字电视服务的最大特点是除了支持传统的音频、视频业务以外,还能为用户提供高清电视增值业务,其中包括:VOD视频点播、数据广播、个性化交互服务电视等。

2. IP电视

IPTV,是一种基于电信网络的、个性化、交互式服务的崭新的媒体形态。它利用ADSL数字用户线或以太网或有线电视网络等接入宽带网,通过IP协议传送电视信号[③]。IPTV的实现,将电视、电信与计算机技术三个领域融合在一起,既实现了媒体内容传播的交互性、提供更多的频道栏目与信息量,又节省了网络带宽资源。既是电信业的新业务应用,也是数字电视的解决方案之一,从而将成为实现"三网融合"的良好模式。

IPTV侧重于视频点播,利用可控组播技术实现广播业务,采用IP数字机顶盒结合电视机的配置或者IP数字机顶盒结合个人电脑,为用户提供接近DVD水平的高质量数字媒体服务,并实现与互联网内业务的融合,为用户提供更广泛的选择自由。

3. 互联网电视

互联网电视是基于互联网的、以宽带以太网为传输链路、以电视机为终端,以互动个性化为特性,为所有宽带终端用户提供全方位服务的电视业务。互联网电视是互联网络技术与电视技术结合的产物,区别于国内目前以专网形式传播的IPTV业务。网络电视既保留了电视形象直观、生动灵活的特点,又具有了互联网按需获取的交互特征,是结合这两种传播媒介优势而产生的一种新的电视传播形式[④]。国家广电总局自2010年起已先后在国内发放

---

① 石磊. 新媒体概论[M].北京:中国传媒大学出版社,2009.

② 宫杰. 浅谈广电传输网络的发展趋势[J].有线电视技术,2006(10).

③ 韦乐平.三网融合与IPTV的发展和挑战[J].电信科学,2006(7).

④ 绍坤.互联网电视的发展及对传统电视业的影响[J].新闻界,2011(2).

7 张互联网电视牌照:CNTV、百视通、南方传媒、华数、中国国际广电电台的 CIBN、湖南广电以及中央人民广播电台的 CNBN——央广广播电视网络台。2011 年年末广电总局下发的《持有互联网电视牌照机构运营管理要求》,对互联网电视产业链进行了规范,平台服务终端与内容运营商都在产业链中明确了各自定位,让互联网电视进入了融合发展新时代。

4. 基于公交、地铁等交通工具的移动电视服务

移动电视是作为一种新兴媒体,指的是信息型移动户外数字电视传媒,是传统电视媒体的延伸,被称为"第五媒体"①。它以数字技术为支撑,通过无线数字信号发射、地面数字接收的方式进行电视节目传播。它最大的特点是在处于移动状态、高速行驶的交通工具上,能保持电视信号的稳定接收和清晰播放。观众可以在其覆盖范围内的公交、地铁、出租车等公共交通工具上随时收看到清晰的电视画面。虽然目前的移动电视不如有线数字电视、IPTV和互联网电视那样具有较强的交互性和双向性,但其特有的即时性、广泛性使移动电视逐渐成为公众在户外接收信息的主流媒体之一。

我国移动电视业务尚处于发展阶段,北京、上海等全国大中型城市公共交通工具上移动电视的覆盖范围已经达到一定的规模,央视移动传媒、北广传媒移动电视等多家运营商已经形成成熟的运营模式。

(二)我国数字电视服务现状

1. 杭州模式:一力独揽的先行者

杭州华数可以说是国内数字电视运营模式的探索者和先行者②。杭州模式起源于广电的有线电视系统,目前已公认其为国内 IPTV 的代表。严格来说它属于数字电视和 IPTV 的结合产物,其用户具有有线电视用户和杭州网通用户双重身份,使用连接有线电视网和互联网的双模机顶盒。

在内容的运作上,杭州华数采用总体把握,分散经营的方法,在一些频道上采用外包的方式,以保证栏目的数量和质量。

在运营合作方面,浙江华数传媒有限公司是在杭州网通信息港和杭州数字电视有限公司基础上成立的市场化运作企业,负责协调 IPTV 产业链所有环节的工作。在这种模式下,浙江华数传媒有限公司同时具有电信与广电背景,拥有庞大的用户资源和网络资源,可以在法律法规允许的条件下,开展所有电信业与广电业的业务。

2. 上海模式:双方共赢的开放合作

上海作为广电和电信部门可以相互进入的唯一试点城市,先后出现了 3 种 IPTV 商业模式③:浦东模式、大宁模式和古北模式。而其中最具代表性、普及最广泛的则是浦东模式,也即上海文广与上海电信分工合作、优势互补的文广模式。

在上海文广模式中,上海电信负责系统测试、线路改造、终端实施、系统运营、用户收费等,上海文广集团则负责进行内容的提供。为此,上海电信旗下上海信息集团专门成立产品运营部门;上海文广则成立了百视通公司,并成立了联合工作团队按照合作框架原则联合运作和推动 IPTV 业务在上海的发展。2005 年,上海文广获得国家广电总局颁发的国内第一

---

① 胡凤文.浅谈数字移动电视[J].才智,2010(12).
② 冯洁."三网融合"打造华数模式[J].浙江经济,2010(9).
③ 庞卫国.上海三种 IPTV 模式发展前景分析[J].世界电信,2006(2).

张 IPTV 集成运营牌照,并获准将"BesTV 百视通"作为 IPTV 业务呼号。

在商业推广方面,上海电信主要负责平面媒体和户外媒介的广告宣传;上海文广负责在其下属的十数个上海本地电视台播发广告。

值得注意的是,上海文广与上海电信双方的合作并不排他。上海电信不仅可以与文广合作,还可以选择其他内容提供商以丰富其产品。而上海文广也与联通、网通集团公司签订了 IPTV 合作协议,将在其他省市开展数字电视业务的商业运营。

3. 青岛模式:广电主导的数字电视服务模式

青岛模式与杭州模式有一定的相似之处,它们都独立承担了网络运营、内容集成的相关工作,而区别在于青岛模式中,青岛有线网络中心的数字电视服务依托于 HFC 网络(Hybrid Fiber-Coaxial,即光纤与同轴电缆相结合的地面有线网络)加以推广与开展①。

青岛数字电视服务主要包括:直播电视、广播、VOD 点播、交互信息等。其中交互信息又细分为:天气预报、财务、新闻、文化、生活、市情、健康、旅游、房产、美食、交通、人才和远程等②。为了保证交互信息的数量、质量以及时效性,青岛有线网络中心筹建了一支 40 余人的采编队伍,对所取得的各种图文信息进行编辑整理,规范采编制作审核制度,做到多层审核签发,确保节目质量。

分析青岛有线电视的运营模式可以发现,青岛有线网络中心的身影全程出现在有线电视的网络支持、内容制作、内容集成及发布的一系列流程中,青岛的数字电视模式成为广电系统主导,通过覆盖全市的 HFC 网络,并利用海尔/海信高清交互机顶盒为广大用户提供服务的有线电视示范模式。

4. 歌华模式:一网一市的跨区域模式

歌华有线在北京市敷设光缆 4 万余公里,电缆 24 万公里,双向网络超过 450 万户,已形成覆盖全市 16 个区县,可承载视频、语音、数据的超大型信息化基础网络③。2004 年 9 月收购河北省涿州市的全部有线网络资产,歌华数字电视服务从此开始一网一市的跨区域运营模式。

在歌华有线数字电视服务运营模式中,歌华有线公司作为网络运营平台的代表,协同为交互信息和高清机顶盒提供技术支持的深圳茁壮网络技术有限公司与为 VOD 视频点播提供平台支撑的思迁一起作为技术承担方出现,而首都博物馆、国家图书馆等相关单位则作为内容提供方负责提供交互数字电视服务需要的视频和图文信息。

在歌华模式中,占据主导的依然是拥有广电背景的歌华有线,但与同样由广电主导的青岛模式区别在于歌华有线公司不再负责内容的采集制作而专一于内容的集成发布和平台构建,在这一点上,歌华模式与上海文广模式存在一定的相似之处。从内容层面来说,歌华模式与文广模式一样采取了开放共赢的策略。从技术层面来说,歌华模式又不可避免地具有自身的局限性,那就是歌华有线数字电视服务对于其有线电视网络及由深圳茁壮为歌华量身定做的高清机顶盒平台的高度依赖性。

---

① 王效杰.青岛模式全面解析　佛山模式浮出水面　数字电视与青岛模式——广电总局科技司司长王效杰在 2004 北京国际广播电视周数字电视论坛上的发言[J].广播电视信息,2004(5).
② 伍桦.杭州青岛大连数字电视的现状及前景[J].法制与经济,2006(1).
③ 歌华有线公司简介[EB/OL].[2015 - 09 - 21].http://www.bgctv.com.cn/html/gywm/ssjj/.

5. 河南模式:来自第三方的个性化发展

与国内其他地区的数字电视业务模式相比,河南模式个性化色彩最为突出,对中国数字电视业务发展应该具有较大启发。

河南 IPTV 业务的启动是以河南省农村党员干部现代远程教育为契机的。河南威科姆公司作为独立于电信业和广电业的第三方,成为河南 IPTV 建设的主力军:为河南 IPTV 项目提供解决方案、机顶盒、系统支持、业务内容整合、业务运营等支持;同时,在系统部署和运营过程中,不断整合来自各部委的资源,还担当了内容集成商的角色;此外,威科姆还和河南广电成立了合资公司,进一步加强节目内容的合作。而河南网通主要负责网络资源、网络改造和系统设备的提供①。

6. 其他地区数字电视服务现状

在泉州,"福建有线互动电视"于 2002 年 10 月 1 日亮相。此项由福建省广电部门推出的服务包括三类②:互动点播、精选频道,以及股市财经和电视网站。用户的安装调试和售后服务由泉州各级有线电视网络服务部门负责。泉州市民只需为自家的电视机配备一个机顶盒就可以通过原有的有线电视网络点播、定制和查询节目内容,并可通过遥控器进行较为简单的数字电视交互信息服务的选择和浏览。

重庆广播电视网络有限责任公司和贵州天广有线网络公司也分别于 2003 年 1 月份选中 NDS 公司(News Digital Systems,英国新闻集团子公司)的端到端数字广播系统用于有线电视广播的数字化升级改造。重庆有线使用 NDS 的解决方案将能够传送 80 多个频道及数字电视交互信息服务(包括交互电子节目指南、交互股票信息服务、交互体育节目、交互天气预报、交互新闻报道及交互音频广播等)。

另外,香港电信于 1998 年开通的"iTV"业务通过一个光纤网络向用户传送交互式业务,该业务最初包括 VOD、电视商务和基于交易的业务。在台湾,"中华电信"已于 2002 年通过 ADSL 开通了一项 VOD 服务③。

纵观目前国内数字电视的运营现状,由于运营商及其所在地区的情况不同,国内数字电视服务的运营模式大体可以分为三类:广电或电信为主导的某一地区运营商作为网络运营商参与业务运营,与内容提供方开展合作模式;具有广电或电信背景的集成运营模式,由一家市场化运作的公司独立承担内容提供、内容集成、网络传送等所有工作;由不具备广电或电信背景的第三方与广电或电信合作,作为网络平台运营商与内容提供方合作。

三、我国移动技术及服务现状

在国内,2009 年被业界普遍认为是中国 3G 的元年,工业与信息化部分别向中国移动、中国联通、中国电信发放了 TD-SCDMA、WCDMA、CDMA2000 共 3 张 3G 牌照,他们也成为

---

① 杨向明. 基于 IPTV 技术的全国文化共享工程基层服务网点建设研究——以河南为例[J]. 图书馆杂志,2008(6).

② 福建布局互动电视模式[EB/OL]. [2015 - 09 - 21]. http://info. broadcast. hc360. com/2010/06/281423248339. shtml.

③ 交互数字电视在中国的发展[EB/OL]. [2015 - 09 - 21]. http://www. lxgdj. com/dianshizhinan/2/2009-08-10/6699. html.

3G 技术的三大标准。随着 3G 网络在全国的部署,移动通信带宽达到了 384kb/s—2Mb/s,加之移动终端功能的不断强化,2G 时代所提供的语音服务、短信服务和传统的移动增值服务已经远远不能满足用户多元化的需要。3G 时代优惠的资费政策、先进的移动终端、良好的使用体验使用户对移动商务活动、互动交流、多媒体服务等移动信息服务和互联网接入服务有了更为迫切的需求,也促使 3G 网络更好更快地发展。

3G 时代的到来极大地推动了手机行业的发展,也成为手机业务拓展的有利契机,到 2012 年,我国已经有 10 亿的手机用户群①,他们正享受着内容丰富、形式多样的手机新媒体服务。

2013 年 12 月,工业和信息化部正式发放 4G 牌照,宣告我国通信行业进入 4G 时代。4G 是集 3G 与 WLAN 于一体,并能够传输高质量视频图像,它的图像传输质量与高清晰度电视不相上下。截至 2015 年 6 月,我国 4G 用户数已达到 1.78 亿户②。

目前,利用移动终端开展服务的相关技术包括:短信、彩信、WAP、移动视频、二维码等。

短信,是用户通过手机或其他电信终端直接发送或接收的文字或数字信息,用户每次能接收和发送短信的字符数是 160 个英文或数字字符或者是 70 个中文字符③。随着短信技术和移动终端的逐渐发展,已经出现了超长短信技术,字符数扩展到 140 字或者 200 字以上。超长短信在发送过程中实际上是把一条短信拆分为 70 字一条发送,接收时再合并,以一条短信显示,但分段计费。

短信是较早的同时是手机用户普及率最高的一项移动服务,其具有发送通道畅通、操作简便等特点。1995 年,我国的移动通信网第一次提供短信服务;2000 年手机短信的信息量突破 10 亿条;2001 年猛增到 189 亿条;2004 年飞涨至 900 亿条④;2009 年全年的短信发送量已达 7840.4 亿条。短信已经成为人们交流通信的必备工具,深入大众的生活。

彩信,意为多媒体信息服务。彩信在技术上实际并不是一种短信,而是在 GPRS 网络的支持下,以 WAP 无线应用协议为载体传送图片、声音和文字的信息⑤。相较于普通短信,彩信的内容更加丰富,除文字信息,更配有丰富的彩色图片、声音、动画、震动等多媒体内容,图文并茂,生动直观;大容量,容量为 50K 的彩信,相当于 8 幅精美图片或 25 000 个汉字,这是原本容量为 70 个汉字的普通短信无法比拟的,因此彩信也成为人们追捧的手机业务之一。

WAP(Wireless Application Protocol)为无线应用协议,是一项全球性的网络通信协议⑥。它使移动 Internet 有了一个通行的标准,其目标是将 Internet 的丰富信息及先进的业务引入到移动电话等无线终端之中。WAP 只要求移动电话和 WAP 代理服务器的支持,而不要求现有的移动通信网络协议做任何的改动,因而可以广泛地应用于 GSM、CDMA、TDMA、3G 等

---

① 关于 CNMO[EB/OL]. [2015 – 09 – 21]. http://www.cnmo.com/webcenter/about.html.

② 工信部:4G 用户总数已达 1.78 亿[EB/OL]. [2015 – 06 – 19]. http://it.sohu.com/20150619/n415352034.shtml.

③ 百度百科.短信[EB/OL]. [2015 – 06 – 19]. http://baike.baidu.com/view/9420.htm.

④ 各大运营商短信收入今年首降[EB/OL]. [2015 – 06 – 19]. http://www.cctime.com/html/2012-12-5/20121251343186328.htm.

⑤ 百度百科.彩信[EB/OL]. [2015 – 06 – 19]. http://baike.baidu.com/view/6835.htm.

⑥ 刘兵.WAP 协议及其应用[J].电脑学习,2006(1).

多种网络①。随着技术的深入发展,WAP2.0 技术已经开始应用于移动设备上,它提供了适合于无线通信环境的互通优化功能,并为无线设备利用现有的 Internet 技术提供应用的环境;能够利用现有的和可以预见的空中接口技术及其载体(GPRS 和 3G 通信等)运行应用业务;提供的大量应用环境能够对手机、PDA 等移动设备传送信息和提供交互式业务②。

移动视频是指基于移动网络(GPRS、EDGE、3G、Wifi 等网络),通过移动终端,向用户提供影视、娱乐、原创、体育、音乐等各类音视频内容的业务③。它可以通过视频下载和及时接收两种方式进行观看。移动视频通常需要对原始视频源进行转码、使其适合于移动设备观看,移动视频的转码方式主要有两种:离线转码和实时转码。离线转码是指事先对视频节目源按一定的格式、码率等进行转码处理,存储后供用户通过移动设备访问;实时转码是指用户对每个节目源提出观看请求,转码系统根据请求,呈现给用户观看。

目前手机视频主要标准④有:3GPP 标准、MPEG 标准、H.264/AVC 标准和 *.RM 标准。这些标准均有较高的视频压缩比。

3GPP 是"第三代合作伙伴项目"制定的一种多媒体标准,用户能使用手机享受高质量的视频、音频等多媒体内容。其核心由包括高级音频编码(AAC)、自适应多速率(AMP)和 MPEG-4 和 H.263 视频编码解码器等组成,目前大部分支持视频拍摄的手机都支持 3GPP 格式的视频播放。

MPEG⑤(Moving Picture Experts Group 运动图像专家组)是国际标准化组织(ISO)成立的专责定制有关运动图像压缩编码标准的工作组,所制定的标准是国际通用标准,叫作 MPEG 标准,该标准由视频、音频和系统三部分组成。MPEG1 是 VCD 的视频图像压缩标准;MPEG2 是 DVD/超级 VCD 的视频图像压缩标准;MPEG4 是网络视频图像压缩标准之一,特点是压缩比高、成像清晰。MPEG4 视频压缩算法能够提供极高的压缩比,最高可达 200∶1。更重要的是,MPEG 在提供高压缩比的同时,对数据的损失很小。MPEG4 是 MPEG 提出的最新的图像压缩技术标准。

H.264/AVC⑥ 是 ITU-T VCEG 和 ISO/IEC MPEG 共同开发的视频处理标准,ITU-T 作为标准建议 H.264,ISO/IEC 作为国际标准 14496 – 10(MPEG-4 第 10 部分)高级视频编码(AVC)。H.264 不仅比 H.263 和 MPEG-4 节约了 50% 的码率,而且对网络传输具有很好的支持功能。它引入了面向 IP 包的编码机制,有利于网络中的分组传输,支持网络中视频的流媒体传输。H.264 具有较强的抗误码特性,可适应丢包率高、干扰严重的无线信道中的视频传输。支持不同网络资源下的分级编码传输,从而获得平稳的图像质量,能适应于不同网络中的视频传输,网络亲和性好。

*.RM,Real Networks 公司制定的音频/视频压缩规范 Real Media 中的一种,Real Player

① 刘闯. WAP 技术研究[J].辽宁工学院学报,2005(6).

② 任立刚. WAP2.0 的新业务与新应用[J].通信世界,2001(12).

③ 手机视频[EB/OL].[2015 – 06 – 19]. http://www.dgstarv.com/View.aspx? pid = 17&id = 272.

④ 刘辉.移动视频简介[EB/OL].[2012 – 06 – 04]. http://www.yesky.com/453/1932953_1.s html.

⑤ 毕厚杰.新一代视频压缩编码标准 – H.264/AVC(第 1 版)[M].北京:人民邮电出版社,2005.

⑥ ITU-T. Recommendation H264 Advanced Video Coding for Generic Audio visual Services. Rec. H.264 and ISO/IEC 14496 – 10 Version 11,2009.

能做的就是利用 Internet 资源对这些符合 Real Media 技术规范的音频/视频进行实况转播[①]。在 Real Media 规范中主要包括三类文件：Real Audio、Real Video 和 Real Flash。Real Video(RA、RAM)格式一开始就定位在视频流应用方面，也可以说是视频流技术的始创者，它在 56K MODEM 拨号上网的条件下可实现不间断视频播放，但其图像质量较 VCD 稍差。

二维码[②](2-dimensional bar code)是用某种特定的几何图形按一定规律在平面(二维方向上)分布的黑白相间的图形记录数据符号信息的；在代码编制上巧妙地利用构成计算机内部逻辑基础的"0""1"比特流的概念，使用若干个与二进制相对应的几何形体来表示文字数值信息，通过图像输入设备或光电扫描设备自动识读以实现信息自动处理：二维条码/二维码能够在横向和纵向两个方位同时表达信息，因此能在很小的面积内表达大量的信息。

手机二维码是二维码技术在手机上的应用。手机用户可以通过摄像头扫描处于报纸、杂志、图书等多种载体上的二维码或是输入二维码号码及关键字来实现手机的快速上网，更方便用户浏览网页，下载图文、音视频，获取公共服务以及手机阅读等多重功能[③]。

手机作为现在大众生活中使用率最高的移动终端，其任何一次发展变化、改革创新都深刻地影响着人们的生活，3G 时代到来，手机功能的多元化也让人们感受到更加丰富和便利的生活。

四、我国触摸屏技术发展现状

触摸屏(Touch panel)又称触控面板，是可接收触头等输入信号的感应式液晶显示装置[④]。使用者只要用手指或其他物体轻触屏幕，系统就会根据手指触摸的位置来定位并选择信息输入。触摸屏的出现，使人摆脱了键盘和鼠标的操作，让人机互动更为直截了当，极大地方便了用户，赋予了多媒体资源崭新的显示方式，是极富吸引力和应用前途的新媒体交互设备。

目前，根据触控原理，我国触摸屏主要可分为 6 种类型：电阻式、电容式、红外式、光学式、表面声波式[⑤]和表面光波式[⑥]。

（一）电阻式触摸屏

电阻式触摸屏是一种多层的复合薄膜，由一层玻璃作为基层，表面涂有一层 ITO（铟锡氧化物）透明导电层，上面盖有一层光滑防刮的塑料层作为保护层，在保护层的内表面涂有一层导电层(ITO 或镍金)。在两导电层之间，有许多细小的透明隔离点绝缘，并在两层 ITO 工作面的边线上各涂有一条银胶，一端加 5V 电压，另一端接地，从而在工作面的一个方向上形成均匀连续的平行电压分布。当手指触摸屏幕时，压力使两层导电层在接触点位置有了一个接触，控制器侦测到这个接触，立刻进行 A/D 转换，测量接触点的模拟量电压值，根据它和 5V 电压的比例公式，就能计算出触摸点的 X 轴和 Y 轴的坐标。

---

① 百度百科. RM[EB/OL].[2012－06－04]. http://baike.baidu.com/view/143140.htm.

② 中国物品编码中心. 二维条码技术与应用[M]. 北京：中国计量出版社,2007.

③ 肖全钦,刘明军,刘悦. 手机二维码的研究[J]. 金卡工程,2008(2).

④ 吴非. 触摸屏的现状及发展趋势[J]. 价值工程,2011(16).

⑤ 刘瑞. 触摸屏技术及其性能分析[J]. 装备制造技术,2010(3).

⑥ 触摸屏类型[EB/OL].[2012－09－21]. http://www.hisan.com.cn/jishuzhichi/duodianchumo/guangbo.html.

电阻式触摸屏已广泛应用于手机、便携式 GPS 和手持游戏平台等。但由于两层导电层之间必须实际接触，必须进行电压——经常通过手写笔。这导致了电阻式触摸屏不太友好的用户体验，因此，电阻式很少用在大型触屏中。

(二)电容式触摸屏

电容式触摸屏由一个模拟感应器和一个双向智能控制器组成。模拟感应器是一块 4 层复合玻璃屏，玻璃屏的内表面和夹层各涂有一层 ITO 导电涂层，最外层是只有 0.0015 mm 厚的矽土玻璃，形成坚实耐用的保护层。夹层 ITO 涂层作为工作面，其各角上各引出一个电极，内层 ITO 作为屏蔽层，用以保证良好的工作环境。

触摸屏工作时，感应器边缘的电极产生分布的电压场，由于人体电场的存在，触摸屏幕时，手指和触摸屏的工作面之间就会形成耦合电容，因为工作面上接有高频信号，于是手指吸走一个很小的电流，分别从触摸屏 4 个角上的电极中流出。从理论上讲，流经这 4 个电极的电流与手指到 4 个角的距离成比例，控制器通过对这 4 个电流比例的精密计算，从而可以得出触摸点的位置。

电容触摸屏最外面的矽土保护玻璃防刮擦性很好，但是怕指甲或硬物的敲击，敲出一个小洞就会伤及夹层 ITO，电容屏就不能正常工作。由于电容式触摸屏将人体当作导体，所以只需手指轻触就可实现感应，反应非常灵敏，然而，戴手套或手持不导电的物体触摸时没有反应。电容屏更主要的缺点是漂移：当环境温度、湿度改变时，环境电场发生改变时，都会引起电容屏的漂移，造成不准确。

(三)红外线式触摸屏

红外线式触摸屏在显示器的前面安装一个电路板外框，电路板在屏幕四边排布红外发射管和红外接收管，一一对应形成横竖交叉的红外线矩阵。用户在触摸屏幕时，手指就会挡住经过该位置的横竖两条红外线，因而可以判断出触摸点在屏幕的位置。任何触摸物体都可改变触点上的红外线，而实现触摸屏操作。

红外触摸屏的优势在于它可以很容易地安装在现成的没有触摸输入能力的显示器上，对软硬件没有特殊要求，可以直接使用，也可以加载任何驱动程序使用在各档计算机上，甚至抛开显示器和微机而直接与使用单片微处理器的控制系统通信。此外，不加贴薄膜，使用时不直接接触工作器件不仅可延长寿命，而且适用范围也更加广阔。在价格上，红外触摸屏也比其他触摸屏更具有普及性，使红外线技术触摸屏成为可靠性最高和环境适应能力最强的触摸屏技术[①]。

(四)光学触摸屏

光学触摸系统是在显示器的两个相邻斜面上采用红外发光(IR)二极管(LED)阵列，并在相对的斜面边缘放置光敏元件，用于分析系统、确定触摸动作。LED-光传感元件在显示器上形成光束栅格。当物体(例如手指或者钢笔)触摸屏幕遮断了光束，就会在相应光传感元件处引起光测量值的减弱。光传感的输出测量值可以用于确定出触摸点的坐标。通常每个光传感器测量来自不止一个 LED 的光，这就可以补偿由于屏上不可移动的碎片而引起的光的阻断。

光学触摸的一个重要的特点是通常情况下没有手指、笔或其他被识别硬件的直接接触。

① 刘新斌.红外触摸屏技术[J].多媒体世界,1995(9).

这就减少了触摸屏由于接触失败、老化、疲劳引起失灵的可能。在一个光学触摸系统中,只要与光束接触就可以了,不需要检测力量或者触发系统。

（五）表面声波触摸屏

表面声波是一种沿介质表面传播的机械波,该种触摸屏系统由触摸屏、声波发生器、反射器和声波接收器组成,其中声波发生器能发送一种高频声波跨越屏幕表面,当手指触及屏幕时,触点上的声波即被阻止,由此确定坐标位置。表面声波触摸屏的优点是清晰度较高,透光率好。高度耐久,抗刮伤性良好。反应灵敏,不受温度、湿度等环境因素影响,分辨率高,寿命长;透光率高,能保持清晰透亮的图像质量;没有漂移,只需安装时一次校正;有第三轴响应,目前在公共场所使用较多。其缺点是需要经常维护,因为灰尘、油污液体沾污在屏的表面,都会阻塞触摸屏表面的导波槽,使波不能正常发射,或使波形改变而控制器无法正常识别,从而影响触摸屏的正常使用,用户需严格注意环境卫生。

（六）表面光波触摸屏

表面光波技术(Surface Light Wave)是一种全新的多点触控技术,它主要是利用某一波段的光波传播特性,结合光波发射电路,使光波在触摸屏表面形成一个错综复杂的密致表面光波网络,当有触点进入这个表面光波网络,光波网络受到破坏,犹如一个很密的渔网被戳破几个黑洞,被称之为"破网"现象,信号接收电路会接收到整个光波网络的破坏信号,通过分析光波"破网"程度,从而实现多触点识别。表面光波技术(Surface Light Wave)是真正意义上的多点触控的技术,可以实现2点、10点、16点、32点以上的触控,无须更改液晶工艺即可将任意液晶显示器变成多点触控显示器。

表面光波具有高响应速度快,无须导电玻璃基板,无须微型光学摄像头,无压力触控,支持手、笔等任何不透光的物体操作,无须校正,无漂移现象等优点。此外表面光波能够描述出与屏幕接触物体的大致轮廓,可以扩展更多应用,比如可以识别手掌跟手指的触控为不同触控。

第三节　国内图书馆新媒体服务调研

开展数字图书馆建设,要紧跟时代的发展,将新媒体技术应用到图书馆的服务中去。新媒体技术在图书馆领域的广泛应用将对优秀文化信息资源进行数字化加工和整合,有效地使世界及地域性的文化资源覆盖全球,实现文化资源的人人共享;同时在很大程度上也减少了公共文化传播领域的重复投资,达到专项投资、全民共同享用的效果。

一、电视图书馆服务

数字电视服务摆脱了传统模拟信号电视的单向传播方式,以及传输方式与设备技术的不断更新,为电视图书馆服务方式的多样化提供了可能,因此公共图书馆应借助三网融合的契机,充分发挥资源内容优势,及时了解电视用户和图书馆读者群体的特点需求,开发新的服务方式,为用户提供基于数字电视平台的良好体验,使电视图书馆服务成为数字图书馆服务于社会的重要渠道与形式。

2010年,杭州图书馆与杭州华数电视有限公司联合举办的"文澜在线"电视平台开通①。杭州市民可通过点击华数首页上面的"全媒体",再点击"文澜在线"栏目,进入电视图书馆,该平台开设图书检索、个人空间、心随阅动、活动预告、视听专区、信息发布、数字杂志等栏目,采取以静态文化信息为主、特色视频资源为辅的服务形式。在服务内容的设置上,基本涵盖了图书馆的基本业务,包括图书检索与借阅、活动信息与预告、书刊介绍与推荐、特色视听资源服务等。

上海有线网络数字电视平台服务中的"多媒体杂志"包括"新闻中心""我的图书馆"等栏目,以图文的方式提供图情新闻、馆藏图书等信息②。

作为北京市政府"2012年为群众拟办的重要实事"内容、市文化局2012年公共文化服务方面"十大惠民"工程之一,首都图书馆交互电视服务率先将数字图书馆推广工程引入社区。2013北京市政府折子工程将建设完成200个文化社区电视服务③。

绍兴市电视图书馆建设研究已被列为绍兴市重点课题,在地方领导重视和资金保障下,绍兴电视图书馆项目于2012年10月正式开通,2013年又进行了整体改版。服务分为图文版和互动版两种,市民通过数字电视不仅可以收看到3000多场精彩视频、3万多张精美图片,查阅图书馆馆藏书目,办理图书续借手续,还可以通过电视"读书"和"翻阅杂志"。以满足不同目标用户的需求,取得了良好的社会效益。

天津泰达图书馆与泰达有限电视网络有限公司共同开展的电视图书馆服务主要包括视频节目、图文信息和电视OPAC三大版块,具体包括馆况介绍、馆内动态、新书快递、图书续借、馆藏查询、服务平台、文化共享等栏目,实现了图书的检索与续借等多种功能④。

2011年,由常州市图书馆和江苏省广电网络公司常州分公司联合创办的常州电视图书馆701频道开播,常州市区的40多万数字电视用户可以在荧幕上免费享用图书馆的文献信息服务,通过电视屏幕阅读3000多本电子期刊,欣赏"口述历史""舣舟诗社"等具有本土化特色的栏目⑤。

从以上实践可以看出,随着数字电视技术的日新月异,数字电视为用户提供的服务内容和形式越来越多,这使得图书馆能够顺应读者阅读欣赏习惯和要求的改变,通过数字电视平台为读者提供更符合读者需求的远程服务与资源。数字电视平台在数字图书馆服务推广与文化传播中所起的作用,将成为图书馆在公共文化服务体系建设中发挥重要作用的助推器,并将数字图书馆服务广度和力度引向纵深。

二、移动数字图书馆服务

在移动互联网时代,读者可以随时随地登录互联网获取信息,这是数字图书馆服务面临

① 杨向明,寿晓辉.全媒体时代图书馆建设与服务创新——以杭州数字图书馆"文澜在线"为例[J].河南图书馆学刊,2012(1).

② 谢丰奕.发展中的上海有线数字电视[J].卫星电视与宽带多媒体,2004(18).

③ 依托数字图书馆推广工程　各地数字电视图书馆服务陆续展开[EB/OL].[2013-06-26].http://news.xinhuanet.com/book/2013-06/26/c_124913056.htm

④ 汪非,郭军,左子端等.有线数字电视图书馆的设计与实现[J].广播与电视技术,2011(8).

⑤ 省首家电视图书馆——常州电视图书馆7月开播[EB/OL].[2012-09-21].http://www.changzhou.gov.cn/art/2011/6/27/art_23_165252.html.

的一大挑战,因此,让读者利用移动互联终端方便获取数字图书馆的个性化、人性化服务与资源,也将成为数字图书馆服务的一项重要内容。基于移动手机平台的数字图书馆服务内容主要有SMS(short message service,短信服务)、WAP网站常规服务(包含图书馆新闻、馆藏目录检索、读者借阅信息查询、参考咨询、图书馆使用指南等服务)及WAP网站数据库检索服务等。

国内关于移动图书馆的应用并不逊于国外,一些公共图书馆和高校图书馆建立了移动图书馆试验系统,比如上海市图书馆、吉林省图书馆、厦门市图书馆、广东省立中山图书馆、北京理工大学图书馆、浙江工业大学图书馆、湖南理工学院图书馆等。2003年12月,北京理工大学图书馆在国内最早推出短信信息服务,包含了到期提醒、预约到书提醒、续借、预约等内容。自此国内图书馆纷纷推出开馆信息、书目检索、参考咨询、读者信箱、讲座预订等短信服务内容,其中多数图书馆(如北京理工大学图书馆、香港大学图书馆、济南市图书馆、辽宁省图书馆、广东省立中山图书馆等)的短信服务为免费的。

上海图书馆2005年在国内首次推出"手机图书馆"服务,内容涵盖了开馆信息、书目检索、文献请求、讲座预定。2009年,上海图书馆进一步扩展功能,推出了到期提醒(读者证到期和借书到期提醒)、续借申请、挂失申请、书到提醒、图书馆信息订制等功能,而且开全国公共图书馆之先河,将桌面终端搬到了移动终端,读者可以用手机直接查询上海图书馆书目。随之上海图书馆首次尝试将手机图书馆在上海馆馆藏精品展上应用,手机"二维码"技术首次在文献展品上运用,手机用户只要下载二维码软件,再用手机拍下家谱上的"二维码"图案,利用手机上网就可直接获得相关的族谱资料。在2010年年底又推出苹果手机应用程序。

为方便读者利用手机使用图书馆的各类信息资源,清华大学图书馆系统部开发了基于WAP的手机数字图书馆系统,提供馆藏书目查询、个人借阅信息和电子资源跨库检索等功能,2009年7月份开始试运行,接受读者的使用和测试。用户分为校内用户和校外用户两类,此外还有未注册用户。未注册用户可浏览馆藏信息、查询馆藏书目,查询部分电子资源。注册用户可访问更多的电子资源,校内用户可以查询个人借阅信息,或实现其他读者服务。

顺应形势发展,满足用户需求,是所有的信息服务机构也是图书馆的生存之道。经过传统互联网的发展,用户获取信息的行为逐渐网络化、移动化。移动互联网为用户随时随地获取信息和知识提供了可能。随着3G的普及,4G的逐渐到来,移动互联网正在逐渐深入人们的日常生活,改变着人们的生活习惯。国内外各界信息服务机构正在努力创造适应移动互联网时代的信息环境,各行各业短信促销信息等的应用、手机门户网站的出现、手机视频的逐渐应用、移动应用程序商店的火爆等,这些基于移动互联网的应用都无疑在说明移动互联网正在改变着世界。

三、触摸式图书馆服务

大型触摸屏已经在图书馆界引起了众多的关注,总体上,触摸屏在图书馆的应用主要有:电子阅读服务、馆内资源展示、新书推荐、大事记、书目检索、导航指引、留言本、互动游戏等。

随着触屏技术的发展,触屏的形状和功能都在不断完善,可以将一些更新的应用引入到图书馆中。

（一）互动桌

互动桌是利用触摸屏作为桌子的台面，既可体现桌子放置物件的实用性，在立体桌上放置多种书籍、杂志、报纸等；又可通过该桌面阅读电子报纸、电子期刊、电子书；还可以上网查询内容、看最新的电视咨询、对照片进行放大缩小等。

可实现多点触控，双手手指画图，多种颜色可选，保存发送至邮箱，或可打印照片，留作纪念。同时还支持软笔输入，真实的画笔在触摸屏上随意描绘，趣味性更加浓厚。

可实现数据识别功能，将手机、数码相机等放置互动桌上，其照片会在触摸屏上显示，无须数据线传递，支持多人同时拖动、查看、编辑照片等多人互动功能，将给读者带来无限乐趣。

（二）触摸屏墙

触摸屏墙是将触摸屏镶嵌或悬挂于墙上，可以由多块屏幕随意拼接而成，触摸屏墙可以制作成各种规格的墙体，小到单块触屏，大到数十块触屏均可以灵活组合。触屏墙有很强的视觉震撼作用，在图书馆的各种展览活动中，可以起到很好的展示效果。触摸屏墙同样支持各种资源展示、多人的互动游戏，在未来的数字图书馆中将有很好的发展前景。

总之，大型触摸屏应用范围越来越广泛，图书馆领域可以发挥其自身的优势，利用触摸屏方便、快捷的功能，为数字图书馆的服务提供更加鲜活的方式。

四、Web 技术在图书馆中的应用服务

（一）Web 2.0

对数字图书馆而言，Web 2.0 意味着的不仅仅是对技术的简单应用，更重要的是基于新的网络技术下的图书馆如何提升自身服务的思考与研究。目前，Web 2.0 技术已经被广泛应用在数字图书馆的服务领域。

在国内，尤以 RSS、Wiki 以及微博等技术的应用较为普遍。在基于 Web 2.0 的数字图书馆服务实践中，Wiki 是一种具有较强自由度及交互性的网站应用，维基技术可以记录下交流的过程，可以看到对某个观点的讨论过程，是一个实践社区（Community of Practice）。因此，Wiki 技术具有使用方便及更为开放的特点，不仅可以建立一个更加完善的交流平台，还能够建立并完善知识库，丰富读者和馆员的专业知识。2009 年，上海同济大学图书馆开通了自己的 Wiki 百事通网站，提供读者答疑、特色条目、热点排行等服务，这些栏目可以被认为是参考咨询的升级模型，上海同济大学图书馆 Wiki 百事通对每一个词条都进行了多级分类，读者可以根据分类查询快速定位到相关问题和词条，也可以通过关键字搜索进行直接查询，如果读者对某个词条的回答仍有疑虑，可以在词条的下方继续提问，馆员会及时做出回答。上海同济大学 Wiki 百事通使图书馆员与读者之间的沟通变得快速而有效。

此外，国内很多图书馆都相继开通了基于 Web 2.0 的微博服务，其与智能手机移动终端及多媒体的联结，突破了 Web 2.0 与移动手机平台的障碍，在增加用户体验黏性的同时在第一时间即时把信息推送给用户，用户也可以随时关注微博信息动态，或发表评论，用户同图书馆之间的互动性得到了极大发挥。微博具有快速、互动、自我的特点，在信息推送、咨询、阅读指导、服务宣传等方面具有无可比拟的优势。同时作为社交网络平台，微博是图书馆与用户群体之间建立最直接沟通桥梁的重要方式，微博空间也是图书馆发挥公共文化服务职能、建立"文化活动中心"、开展相关文化活动的有利场所。图书馆微博平台不仅能用来推送服务导引性信息、引导用户分享信息，还可以从知识服务提供上深挖数字图书馆服务内涵。

微博的内容要求简短、精炼、富有吸引力,满足用户随时随地获取信息的需求,这与数字图书馆服务理念不谋而合,利用微博实现信息资源的共享化和知识化,是图书馆微博服务建设的重要目的。基于微博服务平台的数字图书馆知识服务,从话题设置入手规划,在海量资源内容中进行知识信息的有序组织与整理,以系列单元的形式完成知识推送和共享,从而培养用户的信息素养和信息应用能力。

（二）Web 3.0

随着 Web 3.0 的到来,作为信息资源提供者和信息技术应用者的图书情报界,也必然会迎来"图书馆3.0"。Web 3.0 目前还是一种发展中的理念和技术,从目前 Web 3.0 的发展和研究趋势来看,其对图书情报事业的影响主要体现在以下几个方面:

1. 书目情报服务智能化

书目情报是关于文献知识和效用信息的集合。所谓效用信息是经过严格鉴选,去掉重复的、模糊的、无效的、无关的知识和信息,也即去掉了冗余的信息,而不是向用户反馈海量的、无序的结果,以至于让用户被信息所淹没。传统书目情报服务是靠人工分析,效率自然很低。在 Web 3.0 条件下,计算机已经具备了人工智能的因素,可以对书目情报进行自动归纳、推断并且给出结果①。

2. 情报采集分析自动化

随着网络及数据库技术的成熟,网络搜索技术的不断提高,信息收集向自动化、智能化方向发展,采集的资料将更加全面,其搜索效率会越来越高。同时,情报分析也向智能化、自动化方向发展,借助基于网络的技术、信息抽取技术、语义网络技术、数据挖掘技术和信息可视化等先进技术,可实现海量网络信息的监测和挖掘、信息的智能化分析、基于知识语义结构的推理、知识发现、分析结果的有效解读②,全面提升情报分析的效率和智能水平。

3. 虚拟参考咨询真实化

Web 3.0 的核心技术是人工智能,而智能化的核心是虚拟化和可视化。Web 3.0 可将图形、动画、高清音频以及 3D,在任何一个网络浏览器或用户终端中得以体现。这就使虚拟参考咨询的内容和其展示的情境更完美地反映真实世界,展示真实情境,构筑起图书馆与读者之间"真实"的双向交流平台③。

4. 信息资源共享简易化

Web 3.0 技术将促使图书馆间的资源共建共享更为简易可行,同时借助语义网络的智能分析和推理,协助用户更加简便地获取符合其需求的知识和信息,更加方便地通过多渠道进行资源的共享。

HTML5 作为未来十几年内 Web 开发技术中的最前沿技术之一,它将彻底改变现有的 Web 应用开发模式,为数字图书馆新媒体服务提供诸多新的方式。

HTML5 实现了用户的跨平台访问,这样用户可以在不同 PC 平台、移动平台下自由地浏览网页、电子书籍,欣赏音视频等,无须特定的系统环境和浏览工具,也不需要安装第三方插件。这样既发挥了数字图书馆知识组织、内容方面的特长,以改变受制于厂商将内容和设备

---

① 吴汉华,王子舟.从"Web 3.0"到"图书馆3.0"[J].图书馆建设,2008(4).

② 李娜,吴清强,侯丽.情报分析中五项新技术的应用解析[J].情报科学,2008(5).

③ 黄润.Web 3.0 及其对图书馆的应用展望[J].图书馆学刊,2009(6).

捆绑在一起的困境,这种能够支持不同阅读终端的技术大大降低了开发成本和维护管理成本,并提升了用户体验,满足不同条件用户的需求。

HTML5 的离线访问与存储技术能够让用户在通过终端访问图书馆电子资源时,很好地应对不良的网络环境,实现不间断浏览与访问。对于到馆的用户,尤其是残障人士,在遇到问题时可直接通过 HTML5 的地理定位特性,让工作人员找到用户的位置,直接为用户提供帮助。

数字图书馆的资源信息种类繁杂,信息庞大,局部有序、整体无序的问题日益突出。利用 HTML5 的微数据结构,可以整合这种整体无序的数字资源,使分布于异构系统的资源重组再融合,提高数字资源的传播与利用效率。

Web 3.0 不仅是使用 RDF、OWL、SPARQL 标准技术产生的,它结合了不同思想来描述互联网的功能及影响,因此将沿着几个不同的方向进化;这些进化包括将网络转变成为一个数据库,各种非浏览器应用程序可以获取网络内容,使网络朝着人工智能技术、语义网、地理空间或 3D 空间等方向发展。

我国对语义网的研究不论是从标准规范、系统试验、研究深度,还是从规模层次、具体应用方面都相对落后,但是,我国学者已经认识到了语义网及其相关技术对未来互联网发展的影响,并开始着手研究语义网及其相关的关键技术与应用。国内学者从宏观层面和微观层面对语义网与数字图书馆的融合进行了深入研究。宏观角度的研究主要针对知识表示、知识重组、知识聚类、知识存储与检索、知识编辑与整理、知识发现等方面。微观层面主要研究元数据、知识库、语义网络等。

国内在关联数据方面也在进行着一系列的跟踪与研究。上海图书馆数字图书馆研究所结合语义网、数字图书馆背景,对关联数据的理念展开深入研究和探讨。中国科学院国家科学图书馆设有项目组,研究利用关联开放数据(LOD)实现数字图书馆中数字资源与知识内容关联揭示的技术方法,并针对 Linked Data 在图书馆中的应用及 Web 应用现状进行研究。中国科学技术信息研究所的研究团队,以国家社会科学基金项目为契机,开展基于关联数据技术对信息组织深度序化的研究。2010 年 8 月,上海市普陀区图书馆举行了"2010 图书馆前沿技术论坛:关联数据与书目数据的未来"专题会议。2011 年,国家社会科学基金在"图书馆情报与文献学"学科中批准三项关联数据相关研究课题。2012 年,国家社会科学基金项目设置了"关于关联数据的图书馆云服务研究"课题指南,表明关联数据的研究进一步走向深入。

数字图书馆的知识组织应用使得图书馆的服务方式由传统的封闭式信息服务转变为开放的多样化的信息服务,而高校数字图书馆的知识组织服务质量,是一个国家知识服务水平高低的重要影响因子。

中国科学院国家科学图书馆的 Mashup 应用服务分为文献检索服务、跨界检索服务、在线咨询服务、地图定位服务、查字典服务等。从 Mashup 应用服务的资源来看,文献检索服务提供中国科学院国家科学图书馆的书目查询功能、文献查找功能、期刊查找功能、数据库查找功能。还融汇了一些网络资源的检索,包括 Google Scholar、SCIRUS、Google、百度等搜索引擎资源和专利文献、标准文献、会议文献、学位论文、科技报告、古籍、国防科技信息等。跨界检索服务提供课件、仪器、会议、机构、专家、字典等方面的查询功能。从 Mashup 应用服务的方式来看,以提供 Widget 工具的形式通过直接添加脚本,用户可以将这些检索查询的功能嵌入到 iGoogle,Netvibes 和个人网站中。

清华大学图书馆基于 Mashup 理念,在资源和服务整合方面也做了一些有益的尝试。一方面进行资源优化与整合,将图书馆服务嵌入到电子资源出版平台,在图书馆主页上推出集成检索模块,努力让更多的读者体会到图书馆的资源优势并愿意使用图书馆的资源;另一方面,将图书馆的服务推送给读者,如将图书馆服务嵌入搜索引擎、利用工具条将图书馆服务嵌入到用户环境,使读者不离开自己熟悉的环境就能享用图书馆的优质资源。

单一的、复杂的、庞大的系统很难满足用户的需求,需要对其进行模块化处理,以便按需形成灵活的全新的服务。以整合链接技术为基础将资源与服务整合在一起,实现跨平台的无缝链接,已经成为一个迫切的需求。清华大学图书馆基于 Mashup 理念积极开展主动服务的探索,如探讨图书馆与社交网络、与读书网络 Amazon、与 Google 的各种 API 之间的关系。在网络数字技术领域中,Mashup 是指将不同来源的数据和不同的功能无缝地组合到一起形成新的、集成的服务,从而提供独特的用户体验。

综上不难看出,国内数字图书馆新媒体服务正在向开放式、深层次、技术型发展,实现了跨库无缝检索和链接,并在多平台下开展了多种服务实践。同时伴随着数字图书馆建设理念的不断更新、技术的发展进步、服务模式的成熟应用及各类型图书馆的参与,未来数字图书馆服务将呈现如下发展趋势:综合性服务——打破阅读、咨询、研究和工作的界线,为读者提供一站式服务;个性化服务——为不同的个体、群体提供多样化多平台可定制的服务和功能。

五、底层服务保障

数字图书馆一直致力于知识的发现、组织和提供。在泛在知识环境下,用户的信息需求呈现出了个性化、多元化等特点,因此要充分运用知识组织、数据挖掘、知识发现、数据融合、智能搜索等技术和工具,形成面向需求、适应变化、快速反应的灵活深入的知识发现机制。以数据挖掘技术的应用为例。首先,可以通过数据挖掘技术,为知识检索提供"知识基础"和"知识模型",辅助检索系统准确把握用户的检索需求,并调整和优化系统自身的知识环境和解决问题的能力,实现对检索知识的高效获取,使检索结果更加精准。其次,对知识对象、知识关系、知识结构等进行分析,实现知识的关联、聚类、分类、鉴别,建立相应的"信息源知识库",支持从任何一个知识对象或关系的角度,去关联其他相关的知识对象或关系,并能够从这些不同的聚焦点来重组这些知识地图,支持用户对知识空间的探索和思考。最后,对用户使用和专家行为记录进行挖掘,建立相应的"用户知识模型"和"专家知识模型",根据用户行为模式和需求特征,主动地、及时地、有针对性地向用户推送相关知识和最新信息,实现知识的智能推送服务。

泛在图书馆是一种能够随时随地进行资源获取的集成化数据存储中心。云计算能够在服务空间、服务手段、服务内容、服务模式等方面为泛在图书馆提供强有力的架构与技术支撑,使个性化知识云服务成为可能。为了向用户提供更加个性化的泛在服务,图书馆需要对用户的个性化信息进行分析,这必然涉及庞大的数据量。因此,传统的 IT 架构已经不能承载泛在图书馆海量的数据处理和庞大的业务应用。而云计算可以在整合计算资源形成虚拟的计算资源池的基础上形成泛在网络,在最广大的局域内运行泛在图书馆的文献资源管理,形成感知泛在网络,使用户可通过任何信息终端享受个性化知识服务[1]。

---

① 百度文库. 数字图书馆发展研究 2013(1)[DB/OL]. [2015 − 09 − 21]. http://wenku. baidu. com/view/2948762402768e9951e73899. html? re = view.

第四章　国家数字图书馆的新媒体服务

当今通信与互联网技术发生深刻变革的时代,大众的认知行为与阅读习惯伴随着阅读工具的改变而发生变化。国家数字图书馆在关注到新媒介时代整体来临的同时,也积极开展了基于媒体领域的理论性研究和实践性探索。

第一节　国家数字图书馆的互联网服务

国家图书馆网站的建设早于 1994 年,已历经 10 次改版和调整,形成了以知识服务为中心的建立理念。

自 2008 年起国家图书馆即开展了基于 Web 2.0 的 RSS 服务,将国家图书馆发布的多个频道信息与公告的标题、链接、部分内文甚至全文转换成 XML 格式,读者通过订阅 RSS 频道即可获取国家图书馆的各类最新信息,而无须登录到各个栏目页面一一查阅。国家数字图书馆网站的服务对象不仅是本地用户,更多的是面向整个国内受众和海外用户,因此网站建设以提供"便捷、高效、共享"的服务为宗旨。借助"国家数字图书馆工程"和"数字图书馆推广工程"的建设成果,围绕用户切实需求,注重网站整体规划和公共数字文化服务特征,兼顾基本性、均等性、便捷性和公益性原则,进而提供信息获取无障碍服务。

海量的数字资源是国家数字图书馆的重要特征,通过数字资源唯一标识,实现数字内容的有效管理和统筹;通过用户认证系统实现对全国用户的有效管理;利用文津搜索打造图书馆界的 Google 和 Baidu,目前文津搜索中已经拥有了近 2 亿条数据。网站栏目规划从用户需求出发,以简洁明了的展现方式提供多入口服务。网站还将丰富多样的线下活动"搬上了屏幕",通过动画、虚拟现实等多种新媒体服务方式让用户享受到身临其境的体验乐趣。

2013 年 5 月,国家图书馆推出了官方微博服务,立足于全国数字图书馆服务的推广和应用,利用社交网络平台在时效性、交互性和便捷性等方面的显著优势为用户提供友好、高效的信息服务。微博为读者提供全面的图书馆服务导引、服务内容介绍和馆藏资源推介,并在线实时答复用户评论、咨询及提问,开展种类多样的线上互动征集活动,来调动粉丝的关注度和参与积极性,同时还对国家图书馆的珍贵馆藏进行"点"型揭示,用简短、精炼、富有吸引力的话题,满足用户随时随地获取信息的需求,这与数字图书馆服务理念不谋而合。

实现了针对特殊群体的数字图书馆服务。2008 年,国家图书馆、中国残疾人联合会信息中心及中国盲文出版社依托国家图书馆丰富的馆藏资源,借助中国残疾人联合会信息中心和中国盲文出版社信息无障碍建设的经验,共同建设了中国盲人数字图书馆,它与一般数字图书馆最大的区别就是多媒体视觉信息可以转换为视觉障碍用户使用的触觉或听觉信息。由于这一特殊性,我们在建设过程中采用了多种先进的信息无障碍的技术手段,遵循信息读取无障碍原则,确保用户在使用时能够真正顺畅精准地获取所需,享受到国家图书馆优质高效的服务。网站严格遵照 WCAG2.0 进行无障碍网页设计,符合 XHTML1.0 技术规则,适用于盲用读屏软件。栏目规划简单清晰、分区清楚、导航明确。网站图片均标示文字说明,所有链接均添加提示文字;导盲砖快捷键(:::)的设置从细节充分体现出为盲人朋友着想的建站原则。盲人读者可利用这些快捷键快速到达各主要区域。在服务中建设者注重加强版权保护,切实保护所承载资源的著作权,积极开发网站身份认证平台,用户需要凭借二代残疾人证号通过公安部中国残疾人人口基础数据库和国家图书馆读者认证系统双向认证,方可使用网站上处于版权保护期内的资源。随着盲人数字图书馆用户群体的不断扩大、社会关注度的逐步提高,图书馆残疾人信息服务的力度和广度不断拓展,作为公共文化服务体系中的重要组成部分,图书馆要将更多的残疾人纳入服务对象,为全社会提供普遍均等的知识服务。以此为契机,中国残疾人数字图书馆于 2011 年 4 月 23 日正式上线,网站建设充分借鉴盲人数字图书馆的成功经验,将服务对象扩展为整个残疾人群体。2010 年开通国家少儿数字图书馆网站,引导少年儿童建立正确的人生观、价值观,指导其树立终生与书相伴的阅读习惯,推介适合家庭阅读,尤其是适合青少年阅读的书籍,反映国图的总体价值取向,发挥国家级图书馆的导向作用,打造丰富少年儿童文化生活的国家级绿色阅读平台。

第二节　国家图书馆的移动服务

传统阅读时间已经被现代生活节奏打散,移动阅读恰恰可以挖掘传统阅读无法覆盖的一些碎片时间。随着移动互联网时代的到来,移动阅读必将成为人们获取信息与知识的主流方式。国家图书馆于 2007 年年初建立了国家图书馆读者短信服务系统,开始了国家图书馆的移动服务建设进程,截至 2010 年,4 年时间内,国家图书馆的移动服务工作已初步建成了以资源和服务内容为基础,以手机、手持阅读器、平板电脑移动终端为媒介的,以 WAP 网站、手机客户端、应用程序商店、个性化图书资源、在线咨询为服务形式的国家图书馆移动服务体系,满足了读者随时随地查询图书借阅信息、读者服务信息、讲座展览信息,随时随地检索国图书目、博士论文信息,随时随地在线或离线全文阅览一些图书、馆藏老照片、国家图书馆讲座视频等资源。国家图书馆的移动服务主要包括短信服务、手机门户(WAP 网站)、离线服务(国图漫游)、手机应用程序商店服务(读者服务、电子书)、手持阅读器服务等。

国家图书馆通过全国统一特服号"106988106988"为移动、联通、电信的全国手机用户提供借阅相关的读者服务短信和短/彩信信息订阅服务。读者服务短信是国家图书馆最早利用移动技术为读者提供的一种服务方式,是移动服务中的基础服务项目。该服务提供包括图书催还、续借、预约到达通知,读者卡挂失,发表意见与建议等基础服务,读者开通短信服务后即可免费享受这些服务。信息订阅服务是指国家图书馆将推出一系列短/彩信形式的信息服务,用户通过手机或者掌上国图网站订阅后,国家图书馆将定期向读者推送订阅的信息。

手机门户(http://wap.nlc.gov.cn)作为国家图书馆移动服务的重要形式之一,为能够向更大范围的读者提供服务,设计开发了 3 个版本,系统自动检测手机适配最优界面。其功能主要包括读者服务、在线服务、读者指南、文津图书奖、新闻公告、资源检索等栏目。国家图书馆手机门户为读者打造一个随时随地的图书馆。

读者服务:包括图书续借、图书催还、在借信息、预约和预约到达通知以及用户注册等和读者密切相关的服务。

在线服务：包括在线讲座、在线展览、在线阅读，此外还包括书刊推荐、讲座预告等信息类栏目，为读者使用国图的服务提供导航。

在线阅读：主要发布了古籍、古诗以及公开版权图书资源。此外，国图积极探索手机资源外购模式，引入手机知网、读览天下、博看期刊等资源，持有国家图书馆读者卡的用户只要登录到国图手机门户，即可免费在线阅读8000余种电子期刊。

在线试听：在线浏览国家图书馆举办的讲座和展览。

在线检索：国图手机门户提供了OPAC检索和特色资源检索服务，使读者可以随时检索图书馆的资源。

文津图书奖：包括历届文津图书奖的获奖/推荐图书的展示、文津图书奖的读者荐书、投票等。国图手机门户还整合了其他移动服务介绍和相关软件下载，新增了留言板功能。

应用程序商店提供IOS和Android版本下载，包括以下功能：(1)书目检索：应用支持关键词检索、条形码检索，可获得国图馆藏信息以及全国几十家图书馆馆藏信息，并可以查看豆瓣网友的书评信息以及转到电子商务网站便捷购书。(2)二维QR码识别：识别QR码，识别文本、电话、邮件、国图讲座信息、vCard名片等多种格式；(3)微阅书刊：内含丰富的国家图书馆馆藏图书资源与相关书评，读者可以随心阅读。应用引入多种手机电子期刊，国家图书馆用户登录后可以在线阅读。(4)经典视听：选取优秀的文津讲坛资源，支持用户在线视听。(5)读者卡服务：应用向拥有中国国家图书馆读者卡的用户提供借阅信息查询、续借、预约等功能；(6)同步欣赏国图展览，在线观看国图最新在线展览；(7)发布图书馆相关讲座预告以及新闻动态；(8)可以通过手机进行表单、电话等多种方式咨询；(9)可以在线下载国家图书馆发布的所有应用。

在资源建设方面，国家数字图书馆的移动服务自建公版图书6700多本，包含古籍、英文著作、百科、小说、笑话、寓言等种类。并自建EPUB图书1800多本。供广大读者阅读。公版图书在国家图书馆手机门户（wap. nlc. gov. cn）"特色资源"部分或者"在线服务"的"在线阅读"部分可以阅读全文。也可在"国图选粹"APP的经典阅读栏目阅读。引入博看期刊、手机知网等知名期刊资源，共包含期刊8000多种，会议论文140余万篇，报纸1000多万篇，工具书4800余种。读者除了在国家图书馆手机门户在线阅读外，期刊可利用手机终端进行全文下载。发布博士论文摘要近19万篇，硕士论文摘要近150万篇。博士论文摘要可在国家图书馆手机门户的"特色资源""在线阅读"栏目查询，或者在"手机知网"学位论文数据库查看。建设讲座资源674场，电视短片500余部，总时长达到1200多小时，手机版视频采用3种视频码流，供不同规格手机访问。音视频资源可在"特色资源"中音视频讲座部分查看，或者在"国图选粹"APP"文化视听"栏目查看。建设图片资源3万多张，种类丰富，并利用图片资源建设APP应用两个（年画撷英、艰难与辉煌），图片专题资源近100个。主要在国图手机门户"特色资源"图片部分展示，专题资源主要在"国图选粹"APP的"图文专题"栏目展示。

2013年国家图书馆联合全国各地公共图书馆，以服务公众数字图书馆移动阅读平台（http://m. ndlib. cn），是数字图书馆推广工程的成果之一，它以WAP网站的形式，向全国范围用户提供海量资源。平台集搜书、评书、看书和藏书功能于一体，通过多个版本界面，为多种操作系统的手机、平板电脑等移动终端用户提供知识化、个性化、区域化的服务。提供推荐、分享、留言等社交功能。该平台连接数字图书馆统一用户管理系统，各地图书馆的读者卡持卡用户可以用各自的读者卡号或者身份证号及密码,在多终端上访问移动阅读平台。目前,平台已经汇集了4万余册优质电子图书、上千种电子期刊、3万余张图片、千余场视频、短片以及全国公共图书馆的优秀特色资源。平台将海量资源按照最贴合读者阅读习惯的分类法进行分类,进行人性化导读;并深度挖掘、整合资源,制作了多个内容丰富、主题鲜明的专题系列。

第三节 国家图书馆的数字电视服务

西尔弗斯通曾经指出:"电视已经是家庭生活中不可或缺的一个部分了。"[①]电视的普及不仅在其充实的内容、多样的形式、丰富人们业余文化生活的社会功能,更在于它简单易操作的特性,能够满足不同年龄层次、不同文化程度用户的精神需求。尽管在互联网、手机等媒介的冲击下,电视的影响力受到了一定程度的影响,但是它仍然是我国目前最为广泛的媒体类型之一。2008年,依托科技部"数字媒体内容支撑技术平台"小组的研究,国家图书馆开始尝试制作图书馆自己的节目及内容,在图书馆的数字电视服务领域进行了一系列的探索和实践,并完成了节目调试与系统测试。国家图书馆双向交互式数字电视服务——"国图空间",是由国家图书馆会同北京歌华有线公司共同推出的北京市有线数字电视交互式服务平台,旨在进一步满足首都用户不断提高的精神文化需求,不断丰富家庭用户的文化娱乐生活。2009年4月,标清节目正式提供服务,2009年11月,切换到高清平台播出,2010年积极开发并测试成功了极具图书馆特色服务功能的"书刊预约与续借",2011年开始加大视频节目的制作和改造力度,将具有中国传统文化内容的部分静态页面改造成电视观众喜闻乐见的经典视频,2012年4月进行了全新改版。经过4年的不断探索和完善,该节目已经形成了融汇历史文化、民族宗教、文学艺术共6类15个栏目的内容格局,包括以"文津讲坛""经典流觞""书画鉴赏(视频)"为代表的视频点播类栏目,以"馆藏精品""图说百科""书刊推荐""经典相册"为首的信息揭示类服务,讲述国家图书馆百年历史的"百年国图",为大众提供京城文化信息的"文化动态",以及介绍中华民族传统文化"图书收藏""文保探幽""中华世遗""华夏遗珍""名城名镇""书画鉴赏"。在这里,公众足不出户就可以享受到国家图书馆丰富的馆藏资源、经典的传统文化和系统的文化资讯,并进行实时在线交流互动。同时,2010年10月,国家图书馆还与中国网络电视台共同推进基于IPTV平台的电视图书馆项目建设。目前,节目已在云南、四川等8个省市正式上线,内容涵盖文津讲坛、馆藏故事、馆藏精品、少儿读物等精品自建资源,并为电视观众提供了内容丰富的知识讲座。国家图书馆IPTV服务为少儿用户学习传统文化提供了新的平台,成为电视观众走进图书馆、欣赏珍贵馆藏的一个重要窗口。国家图书馆先后与中国网络电视台(CNTV)、中国国际广播电视网络台(CIBN)就互联网电视服务展开尝试性合作,将国家图书馆数字电视内容资源扩展至被誉为"第三大网络新兴产业"的互联网电视平台,使数字图书馆的文化服务网络更加完善。目前,在互联网电视上可以体验到的资源内容主要以高质量的视频精加工节目为主,其中的

---

① 万颖.论电视与日常生活的互动[DB/OL].[2015 – 09 – 21].http://www.doc88.com/p-575183174115.
html.

"书画鉴赏""馆藏故事""册府琳琅"(以馆藏精品为主)和 4D 展览等,以精美的画面和高标准的音质获得了众多电视用户的喜爱。

下面将以国家数字图书馆新媒体技术服务中的双向交互式数字电视服务为例,深入分析从数字资源发布到平台建设再到用户使用的整个流程。

一、建设目标

国家图书馆双向交互式数字电视服务的推出,与数字电视产生与发展紧密相关。国家图书馆"国图空间"数字电视服务,即依托公共图书馆和有线电视运营商,目标是实现国家数字图书馆双向交互式数字电视服务的全国覆盖,建设具有数字电视节目制作、点播与直播、交互、信息共享、读者自助服务功能的数字电视综合服务平台。

从电视传播角度来看,国家图书馆双向交互式数字电视服务是一个专门的电视服务频道,其内容特色突出、主题鲜明,主要是为用户提供丰富的文化信息和图书馆特色资源服务。从图书馆服务来讲,双向交互式数字电视服务是在数字化环境下的一项服务创新与实践,借助全新的平台和数字化技术的支撑,成为用户获取图书馆资源、享受图书馆服务的便捷窗口,为更广泛的人群走进国家图书馆、了解图书馆动态提供了新途径。

二、技术环境

国家图书馆双向交互式数字电视服务"国图空间",是国家图书馆与北京歌华有线电视网络公司合作的成果。"国图空间"的技术运营平台由北京歌华有线公司提供,歌华有线作为独立的有线电视网络运营商,负责北京及周边地市的有线数字电视市场开发推广、系统支持、节目审核发布等。在包括"国图空间"在内的双向交互式数字电视服务网络构建及系统配置中,歌华采用了深圳茁壮网络公司的 iPanel 系统,通过在机顶盒中内置 iPanel 中间件及其他功能模块,完成数据(对象轮播数据或互联网数据)的接收、解析、显示和控制等功能;此外,歌华有线公司在数字电视的点播服务中采用了思迁数码科技公司的互动视频应用系统,搭建基于双向 HFC 网络的 VOD 点播系统。

基于 iPanel 浏览器平台和思迁 VOD 视频点播系统的数字电视服务对国家图书馆提供的节目内容有相对明确的要求:图文类信息应采用 HTML 格式进行设计制作与发布,页面中所涉及的链接应利用 < iPanel > 自定义的 JavaScript 命令而非 < a > 标签;视频类节目应按照思迁 VOD 点播系统要求,对输出视频的分辨率尺寸、视频码率(Video Biterate)以及音频码率(Audio Bitrate)进行调整和控制。

这样,国家图书馆和歌华有线公司合作的"国图空间"双向交互式数字电视服务的技术运行及业务模式在基于广电系统的数字电视服务中就具有了较强的开放性和代表性,国家图书馆可以在北京以外的其他地域选择其他覆盖某一地市的独立有线数字电视网络运营商进行合作,并根据当地情况对栏目设置和技术环境加以调整,形成覆盖当地的广电双向交互式数字电视服务模式。

但这种服务模式本身也有一定的局限性。由于不同地区网络运营商所采用的技术架构、开放接口的不同(比如青岛有线采用的是 XML 和 iPanel2.0 标准),所以在开展这样的业务模式时,要充分考量合作方的技术规范和要求,使国家图书馆数字电视服务的资源和内容能够顺利发布和呈现。

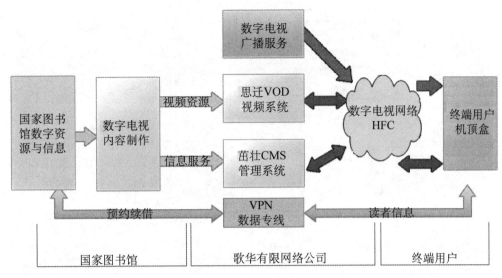

图 1　与歌华合作技术流程

三、实现方法

目前国家图书馆双向交互式数字电视服务主要通过有线电视机顶盒接入的方式提供用户服务，北京地区安装了第二代高清交互式机顶盒的用户就可以通过访问歌华有线的数字电视点播服务来免费观看国家图书馆双向交互式数字电视服务"国图空间"的内容。

针对 iPanel 平台，我们在"国图空间"节目制作中严格遵循 DVB-MHP 标准体系，以 JavaScript 语言编写命令代码，以 DIV 元素对页面布局进行控制，实现通过机顶盒解析、针对数字电视屏幕的定位显示，从而共同实现 HTML 格式高清交互数字电视信息的交互变化。

数字电视的视频播放，由第三方思迁开发的特定程序包完成，在需要播放视频时，将页面跳转到特定的播放页面，并传递视频参数，由该页面实现播放、暂停、结束、返回等各项功能。"国图空间"的视频内容可以实现在不变码率（CBR）、可变码率（VBR）以及统计复用的环境中向 MPEG-2 流提供精确到帧的内容信息插入，从而实现交互式 VOD 点播服务。未来根据视频源格式，按照相关技术标准，也将实现对高清 1080i 或者全高清的 1080P 视频的加工制作，为用户提供更好的视频服务。

四、服务内容

国家图书馆双向交互式数字电视服务"国图空间"发挥国家图书馆资源和服务的优势，以馆藏为基础，针对不同年龄段与文化层次的收视群体规划特色栏目。目前包括百年国图、文津讲坛、书刊推荐、馆藏精品、图说百科等内容。以文字、图片、视频相结合的方式，全方位、立体化呈现国家图书馆的资源和服务。

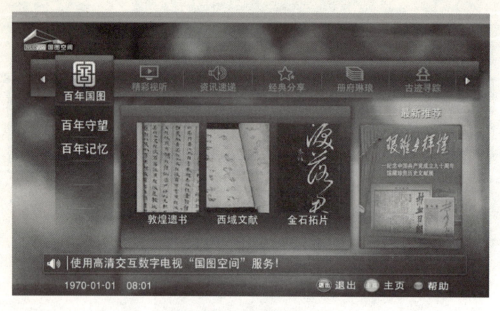

图 2 "国图空间"电视服务首页

• 文津讲坛

国家图书馆的自有品牌,在业界拥有很高的知名度,讲坛开办至今已经举办各类讲座400余场,包括历史、宗教、航天等各个学科,众多国内知名学者都是该讲坛的客座讲师。该栏目将选择用户感兴趣的主题,在电视中完整播放。未来将在视频中插入相关知识点,用户在观看视频节目的同时,可以了解一些名词、背景资料、人物情况等信息。同时可以做成在线问答的形式,形成动态交互,交互的信息由服务器自动收集。

• 馆藏精品

展示国家图书馆特色资源库中的甲骨、年画、碑帖等镇馆之宝,这也是国图为世界数字图书馆项目(World Digital Library,简称 WDL)提供的内容。表现形式为图片加少量文字,每种馆藏都将其中的知识点提炼出来做了重点说明,使用户在收看的时候不是简单的藏品罗列,而是可以从中学到古代典籍中的精粹。该栏目后期还将考虑加入动画展示效果以适应老年人和少儿的使用习惯,制作精良的图片可以作为学校教师展示历史文献的手段,与教育相结合也是图书馆作为公众教育平台的职责和使命。

• 图说百科

依托在国家图书馆每年举办的众多展览,使用户足不出户就可以看到鲜活的展览内容。同时每期选择一个富有意味的主题,电影海报、怀旧题材的制作,使用户在了解最新文化的同时,品味过去的时光,吸引学界人士和中老年观众。

• 书刊推荐

本栏目内容从国家图书馆网站的"网上读书"中选取,表现形式为书封图片加少量书籍简介文字,供观众茶余饭后随意浏览,可了解上市新书及精品杂志的基本信息和简要介绍。

• 文化播报

提供文化动态、京城讲座、展览信息和演出资讯。作为资讯类栏目信息每周更新两次,提供观众文化信息查询的一站式服务。

- 百年国图

2009 年适逢国家图书馆建馆 100 周年,我们特别制作馆庆题材的专栏,宣传国图的历史和文化、揭示文献及其渊源。栏目中包括视频节目和展览,以馆史和馆藏为主线,让世界了解国图,向世人揭开国宝的面纱。

- 经典流觞

包括馆藏故事、文明与创造、少儿读物三部分内容,采用电视上最常用的视频形式,从不同角度展现中国文化的精髓,为少儿提供蒙学、科普知识,寓教于乐,服务更多受众。

- 经典相册

本栏目前期推出反映北京历史的珍贵老照片。一张照片引发的不仅是人们的怀旧情怀,更是揭示一段历史、宣讲一段文化的入口。

- 文保探幽

从古至今保存完好的我国古建筑、石窟寺及石刻、古遗址、古墓葬及近现代一批最具代表性与观赏性的古迹,为观众呈现一幅幅优美的画卷。

- 中华世遗

大自然的鬼斧神工,造就神州无数瑰丽绝伦的自然景观;先民的巧夺天工,也为我们留下众多美轮美奂的人文景观。中华世遗栏目旨在为观众介绍我国的自然、文化遗产以及非物质文化遗产。

- 名城名镇

栏目从我国数量众多的名城名镇中挑选出一批最具代表性的城镇,使得观众安然家中,即能一览我国城镇之美。

- 华夏遗珍

我国绵延数千年的古代历史中出现过许多种类材质各异,工艺精美的手工制品,将其分门别类地向观众进行展示与介绍,从各个门类的海量藏品中撷取在器型、工艺等方面具有代表性的精品,帮助观众全方位了解展品信息。

- 书画鉴赏

根据中国历史年代划分,向观众展示我国书法绘画艺术的发展脉络,介绍各个时期不同流派书法绘画艺术精品的特点。同时向观众详细介绍如何欣赏中国书画艺术,为观众呈现一幅幅精美的艺术画面,带来视觉享受的同时,更能陶冶情操,提高艺术素养。

- 图书收藏

通过对图书收藏历史详细梳理,对数千年来的图书编撰机构、刻印技术、刻书系统、装帧艺术、载体形式、名著要籍、典藏流通、藏书楼及藏书名家等分门别类进行详细的介绍,丰富观众图书收藏方面的知识。

- 书刊预约与续借

除上述视频类和图文信息类内容外,还开发推出了极具图书馆服务特色的"书刊预约与续借"功能。读者通过家中的电视遥控器操作就可以完成图书馆书刊的预约与续借业务。

电视整体服务遵循用户至上原则,确保资源内容的更新频率,提供顺畅准确的使用体验,满足不同兴趣爱好者的使用需求。

五、关键技术

（一）数字内容的制作与转换模板技术

在数字电视交互页面制作之前，应对各种资源加以合理分类，形成栏目的树形结构。然后根据数字电视的开发规范准备图片资源，包括页面的美术设计，图片的裁切与格式转换以及文案编辑。在一切素材准备就绪后，就可以进入页面的具体制作过程了。

一个典型的数字电视交互页面的结构如下：

```
< html >
    < head >
        < script type = "text/JavaScript" >
            ……
            脚本部分
            ……
        </scrpt >
    </head >
    < body >
        ……
        页面部分
        ……
    </body >
</html >
```

其中"页面部分"，是根据设计制作页面的代码，数字电视页面与网页相比通常结构比较简单，大多数页面以展示图文为主，展示内容占据较大空间，按钮排列在页面下方，以便操作控制。结合这些特点，并出于优化代码的需要，数字电视交互页面多采用 div 标签布局模式而不是 table 标签布局模式。例如：

```
< div style = " width：25px；  height：26px；  position：absolute；  top：133px；  left：1187px；" > < img src = " right. png" > </img > </div >
```

这个 div 中直接定义了包含图片 right. png 区域的尺寸大小、显示位置等信息。一个交互页面通常由多个类似的 div 区域组成，背景图片往往在 body 标签中标明。

位于 < head > 中的脚本部分，负责完成页面的各种交互和跳转功能。数字电视交互页面和网页不同，无法用鼠标控制点击，全部依赖电视遥控器的操作，如"方向键""确定键"和"退出键"等。数字电视厂商在开发嵌入式浏览器时，已经内置好键值响应函数，供 Javascrpt 直接调用。

以歌华有线数字电视为例：

```
document. onsystemevent = grabEvent；
document. onkeypress = grabEvent；
document. onirkeypress = grabEvent；
```

通过以上代码，可以响应用户的按键点击，然后通过 switch 语句设置不同键值、相应的操作功能。如改变图片、文本颜色。页面的跳转主要用 javascrpt 重定向函数完成，例如：

location. href = " url " ;

在设计和制作数字电视交互页时还应注意以下问题:

(1)电视交互页面布局应简洁明了,不要设计过于复杂的页面,复杂功能可设计多层页面分页实现。使浏览者对所有功能一目了然,方便操作。

(2)应明确页面的焦点,在一定时间内,每个页面只能有一个焦点,以告知浏览者,目前页可以进行的操作是什么。例如:对于有数个按钮的页面,其中一个高亮显示,用户便知道此时按下确定键,将执行哪些操作,焦点设计应明确突出,与其他失焦部分有明显差别。

(3)文件的存放,页面与页面涉及的图片应存于同一文件夹中,不要单独设置 images 文件夹,以提高图片读取速度。

(二)数字电视终端上的内容检索与导航模式

数字电视终端上的内容,一般以栏目的方式按树形结构组织。通常以每个栏目的首页作为列表页,列举该栏目下所有内容,然后可以点击选择进入下一级内容。整个数字电视的首页则为全部栏目的列表页。列表页设计一般应便于查找内容,在下级内容较多时则采用翻页设计。

数字电视内容的检索功能一般运用在栏目内容量较大的情况下。如在海量的图书信息中查找某本书。为了让浏览者快速查找到所需的内容,需要专门设置检索功能。检索功能依托于存储在服务器中的数据库,其结构化的存储特征也使数字电视资源的检索成为可能。用户通过电视页面输入检索关键词,页面前端的动态脚本即可获取这些关键词,然后调用封装在底层的函数,进行数据库操作,再将这些内容的数据队列回传给前端页面,通过前端页面的脚本函数刷新页面,使这些数据按照设计的格式呈现给浏览者。如遇大量数据资源,即可完成分页显示,让用户翻页浏览。

但是,比较特殊的是检索关键词的输入。如检索信息为中文,需与机顶盒内置的中文输入法连接。例如:全拼输入法,用户可操作遥控器上的数字键,每个数字代表特定的英文字母。拼写中文,或者用遥控器在屏幕上调出模拟电脑的全键盘,通过方向键和确定键选择字母进行拼写。无论采取哪种方式,都应做到操作简单,界面友好。以便用户在输入检索词时不至于投入过多的时间。

六、技术展现

目前,图文类内容,以"国图空间"的《书刊推荐》栏目为实验对象,这是一个典型的"总—分"结构数字电视图文栏目,分为索引页和内容页。索引页为较为复杂的二级菜单栏,需要实现两级菜单的联动效果,并和页面其他区域保持正常切换。就内容页来说,通常对一本推荐图书介绍分为多个内容页,在电视上浏览这本书时,需要进行翻页操作。根据第三方茁壮翻页的标准,在进行向上和向下翻页动作时,页面打开时焦点需要落在不同的按键区域,并且在任意页返回索引页时,必须准确定位到二级菜单栏上。

《书刊推荐》栏目首页源代码如下:

```
< ! DOCTYPE html PUBLIC"-//W3C//DTD XHTML 1. 0 Transitional//EN"
"http://www. w3. org/TR/xhtml1/DTD/xhtml1-transitional. dtd" >
  < html xmlns = " http://www. w3. org/1999/xhtml" >
  < head >
```

```
< meta http-equiv = " Content-Type" content = " text/html；charset = gb2312" / >
< title > 无标题文档 </title >
< style >
td{font-size：18px；   background-position：center；   background-repeat：no-repeat；}
. zt{font-size：22px；   color：#136e90；   line-height：33px}


</style >
< script src = " input. js" > </script >
< script >

var DATE_URL = " http://172. 16. 252. 164：8080/CALENDAR/index. htm" ；//日期
var menuArray = [
{lose_f：" menu0_0. jpg" ,get_f：" menu1_0. jpg" ,move_f：" menu1_0_0. jpg" ,url：" #" } ,
{lose_f：" menu0_1. jpg" ,get_f：" menu1_1. jpg" ,move_f：" menu1_1_0. jpg" ,url：" #" } ,
{lose_f：" menu0_2. jpg" ,get_f：" menu1_2. jpg" ,move_f：" menu1_2_0. jpg" ,url：" #" } ,
{lose_f：" menu0_3. jpg" ,get_f：" menu1_3. jpg" ,move_f：" menu1_3_0. jpg" ,url：" #" } ,
{lose_f：" menu0_4. jpg" ,get_f：" menu1_4. jpg" ,move_f：" menu1_4_0. jpg" ,url：" #" } ,
{lose_f：" menu0_5. jpg" ,get_f：" menu1_5. jpg" ,move_f：" menu1_5_0. jpg" ,url：" #" }
];


var tmArray = [
    [//中文图书
            {name：" 胡适杂忆" ,author：" 唐德刚" ,
pic：" zw16 – 1. jpg" ,url：" nr_zw_16_1. htm" } ,
            {name：" 袁氏当国" ,author：" 唐德刚" ,
pic：" zw15 – 1. jpg" ,url：" nr_zw_15_1. htm" } ,
            {name：" 欧洲摩登" ,author：" 辜振丰" ,
pic：" zw14 – 1. jpg" ,url：" nr_zw_14_1. htm" } ,
            {name：" 美,看不见的竞争力" ,author：" 蒋勋" ,
pic：" zw13 – 1. jpg" ,url：" nr_zw_13_1. htm" } ,
            {name：" 中华大帝国史" ,author：" 门多萨" ,
pic：" zw12 – 1. jpg" ,url：" nr_zw_12_1. htm" } ,
            {name：" 乔布斯传" ,author：" 王咏刚" ,
pic：" zw11 – 1. jpg" ,url：" nr_zw_11_1. htm" } ,
            {name：" 杨振宁传" ,author：" 杨建邺" ,
pic：" zw10 – 1. jpg" ,url：" nr_zw_10_1. htm" } ,
            {name：" 定西笔记" ,author：" 贾平凹" ,
pic：" zw9 – 1. jpg" ,url：" nr_zw_9_1. htm" } ,
            {name：" 2030 中国" ,author：" 胡鞍钢" ,
```

pic:"zw8 - 1. jpg",url:"nr_zw_8_1. htm"｝,

　　　　　　｜name:"辛亥革命的影像记忆",author:"杨天石",

pic:"zw7 - 1. jpg",url:"nr_zw_7_1. htm"｝,

　　　　　　｜name:"孙中山传",author:"张磊",

pic:"zw6 - 1. jpg",url:"nr_zw_6_1. htm"｝,

　　　　　　｜name:"辛亥革命的前前后后",author:"金冲及",

pic:"zw5 - 1. jpg",url:"nr_zw_5_1. htm"｝,

　　　　　　｜name:"窗里窗外",author:"林青霞",

pic:"zw4 - 1. jpg",url:"nr_zw_4_1. htm"｝,

　　　　　　｜name:"无限江山",author:"孔庆东",

pic:"zw3 - 1. jpg",url:"nr_zw_3_1. htm"｝,

　　　　　　｜name:"坚不可摧",author:"希伦布兰德",

pic:"zw2 - 1. jpg",url:"nr_zw_2_1. htm"｝,

　　　　　　｜name:"奋斗与思考",author:"何新",

pic:"zw1 - 1. jpg",url:"nr_zw_1_1. htm"｝ <! -- 以上 2011 年 11 月 16 本 -->

　　　］,

　　［//台港澳文献

　　　　　　｜name:"中美两国的朝鲜半岛政策演进历程研究",author:"李元烨",

pic:"tga8 - 1. jpg",url:"nr_tgawx_8_1. htm"｝,

　　　　　　｜name:"台湾历史纪念物",author:"吴永华",

pic:"tga7 - 1. jpg",url:"nr_tgawx_7_1. htm"｝,

　　　　　　｜name:"台湾的旧地名",author:"蔡培慧",

pic:"tga6 - 1. jpg",url:"nr_tgawx_6_1. htm"｝,

　　　　　　｜name:"台湾的古城",author:"张志远",

pic:"tga5 - 1. jpg",url:"nr_tgawx_5_1. htm"｝,

　　　　　　｜name:"台北古迹侦探游",author:"俞怡萍",

pic:"tga4 - 1. jpg",url:"nr_tgawx_4_1. htm"｝,

　　　　　　｜name:"数位拍台湾·古迹篇",author:"蔡明发",

pic:"tga3 - 1. jpg",url:"nr_tgawx_3_1. htm"｝,

　　　　　　｜name:"跟著妈祖去旅行",author:"黄丁盛",

pic:"tga2 - 1. jpg",url:"nr_tgawx_2_1. htm"｝,

　　　　　　｜name:"发现台湾古迹",author:"黄柏勋",

pic:"tga1 - 1. jpg",url:"nr_tgawx_1_1. htm"｝ <! -- 以上 2011 年 11 月 8 本 -->

　　　］,

　　［//专题推荐

　　　　　　｜name:"辛亥黄花岗起义",author:"程存洁",

pic:"zttj20 - 1. jpg",url:"nr_zttj_20_1. htm"｝,

{name:"天变:辛亥革命纪实",author:"刘秉荣",
pic:"zttj19－1.jpg",url:"nr_zttj_19_1.htm"},
　　　　　　{name:"来新夏说北洋",author:"来新夏",
pic:"zttj18－1.jpg",url:"nr_zttj_18_1.htm"},
　　　　　　{name:"上海:1911",author:"沈寂",
pic:"zttj17－1.jpg",url:"nr_zttj_17_1.htm"},
　　　　　　{name:"困厄中的抉择",author:"田玉洪",
pic:"zttj16－1.jpg",url:"nr_zttj_16_1.htm"},
　　　　　　{name:"晚清军事揭秘",author:"马骏",
pic:"zttj15－1.jpg",url:"nr_zttj_15_1.htm"},
　　　　　　{name:"迷惘的诸侯",author:"江上苇",
pic:"zttj14－1.jpg",url:"nr_zttj_14_1.htm"},
　　　　　　{name:"列兵毛泽东",author:"吴海勇",
pic:"zttj13－1.jpg",url:"nr_zttj_13_1.htm"},
　　　　　　{name:"辛亥滦州兵谏与滦州起义",author:"赵润生",
pic:"zttj12－1.jpg",url:"nr_zttj_12_1.htm"},
　　　　　　{name:"辛亥武昌首义史",author:"贺觉非",
pic:"zttj11－1.jpg",url:"nr_zttj_11_1.htm"},
　　　　　　{name:"亲历辛亥革命",author:"全国政协文史和学习委员会",
pic:"zttj10－1.jpg",url:"nr_zttj_10_1.htm"},
　　　　　　{name:"晚清军事变革研究",author:"施渡桥",
pic:"zttj9－1.jpg",url:"nr_zttj_9_1.htm"},
　　　　　　{name:"晚清军事需求下的外语教育研究",author:"粟进英",
pic:"zttj8－1.jpg",url:"nr_zttj_8_1.htm"},
　　　　　　{name:"中国军衔百年史略",author:"刘岩",
pic:"zttj7－1.jpg",url:"nr_zttj_7_1.htm"},
　　　　　　{name:"旧中国军事院校秘档",author:"文闻",
pic:"zttj6－1.jpg",url:"nr_zttj_6_1.htm"},
　　　　　　{name:"半世雄图",author:"王建华",
pic:"zttj5－1.jpg",url:"nr_zttj_5_1.htm"},
　　　　　　{name:"辛亥首义阳夏之战",author:"陈国安",
pic:"zttj4－1.jpg",url:"nr_zttj_4_1.htm"},
　　　　　　{name:"新政革命与日本",author:"任达",
pic:"zttj3－1.jpg",url:"nr_zttj_3_1.htm"},
　　　　　　{name:"近代中国海军大事编年",author:"刘传标",
pic:"zttj2－1.jpg",url:"nr_zttj_2_1.htm"},
　　　　　　{name:"新军旧影",author:"陈克",
pic:"zttj1－1.jpg",url:"nr_zttj_1_1.htm"}<!－以上 2011 年 11 月 20 本 －>

],
［//外文图书

　　　　｛name:"Digital image processing and analysis",author:"Scott E Umbaugh",
pic:"wwts8 - 1. jpg",url:"nr_wwts_8_1. htm"｝,
　　　　｛name:"Insight into data mining",author:"K. P. Soman",
pic:"wwts7 - 1. jpg",url:"nr_wwts_7_1. htm"｝,
　　　　｛name:"Intelligent production machines and systems",author:"D. T. Pham",
pic:"wwts6 - 1. jpg",url:"nr_wwts_6_1. htm"｝,
　　　　｛name:"Digital signal processing using MATLAB and wavelets",author:"Michael
Weeks",pic:"wwts5 - 1. jpg",url:"nr_wwts_5_1. htm"｝,
　　　　｛name:"Forest wildlife ecology and habitat management",author:"David R.
Patton",pic:"wwts4 - 1. jpg",url:"nr_wwts_4_1. htm"｝,
　　　　｛name:"Bedside ultrasonography in clinical medicine",author:"Alexander B.
Levitov",pic:"wwts3 - 1. jpg",url:"nr_wwts_3_1. htm"｝,
　　　　｛name:"Multi-ethnic bird guide of the sub-antarctic forests of South America",
author:"Ricardo Rozzi",pic:"wwts2 - 1. jpg",url:"nr_wwts_2_1. htm"｝,
　　　　｛name:"The Andes",author:"Onno Oncken",
pic:"wwts1 - 1. jpg",url:"nr_wwts_1_1. htm"｝ < ! -- 以上 2011 年 11 月 8 本 -->

],
［//工具书

　　　　｛name:"北京市基本医疗保险工伤保险和生育保险药品目录",author:"孙彦",
pic:"gjs16 - 1. jpg",url:"nr_gjs_16_1. htm"｝,
　　　　｛name:"汉俄大辞典",author:"顾柏林",
pic:"gjs15 - 1. jpg",url:"nr_gjs_15_1. htm"｝,
　　　　｛name:"世界哲学史年表",author:"马采",
pic:"gjs14 - 1. jpg",url:"nr_gjs_14_1. htm"｝,
　　　　｛name:"美国标准目录",author:"汪滨",
pic:"gjs13 - 1. jpg",url:"nr_gjs_13_1. htm"｝,
　　　　｛name:"International encyclopedia of education",author:"Peterson",
pic:"gjs12 - 1. jpg",url:"nr_gjs_12_1. htm"｝,
　　　　｛name:"J. R. R. Tolkien encyclopedia",author:"Drout",
pic:"gjs11 - 1. jpg",url:"nr_gjs_11_1. htm"｝,
　　　　｛name:"Dictionnaire marin des sentiments et",author:"Pol Corvez",
pic:"gjs10 - 1. jpg",url:"nr_gjs_10_1. htm"｝,
　　　　｛name:"Dictionnaire des armes légères et de balistique",author:"Jean - Paul
Brunet",pic:"gjs9 - 1. jpg",url:"nr_gjs_9_1. htm"｝,

{name:"Beauty Talk",author:"Husson",
pic:"gjs8 – 1. jpg",url:"nr_gjs_8_1. htm"},
　　　　　{name:"The encyclopedia of political science",author:"Kurian",
pic:"gjs7 – 1. jpg",url:"nr_gjs_7_1. htm"},
　　　　　{name:"中国政府绩效管理年鉴",author:"包国宪",
pic:"gjs6 – 1. jpg",url:"nr_gjs_6_1. htm"},
　　　　　{name:"中国汽车出口年鉴",author:"赵航",
pic:"gjs5 – 1. jpg",url:"nr_gjs_5_1. htm"},
　　　　　{name:"2010 中国网络营销年鉴,案例卷",author:"刘东明",
pic:"gjs4 – 1. jpg",url:"nr_gjs_4_1. htm"},
　　　　　{name:"IT 媒体年鉴. 2007",author:"刘坤红",
pic:"gjs3 – 1. jpg",url:"nr_gjs_3_1. htm"},
　　　　　{name:"海淀区教育督导年鉴",author:"王建忠",
pic:"gjs2 – 1. jpg",url:"nr_gjs_2_1. htm"},
　　　　　{name:"布尔津年鉴. 2010",author:"哈那提",
pic:"gjs1 – 1. jpg",url:"nr_gjs_1_1. htm"} <! -- 以上 2011 年 11 月 16 本 -->

],
[//热点书刊排行

　　　　　{name:"十天突破雅思写作",author:"慎小嶷",
pic:"rdxs12 – 1. jpg",url:"nr_rdxs_12_1. htm"},
　　　　　{name:"胡适遗稿及秘藏书信",author:"胡适",
pic:"rdxs11 – 1. jpg",url:"nr_rdxs_11_1. htm"},
　　　　　{name:"古典文艺理论译丛",author:"文学研究所",
pic:"rdxs10 – 1. jpg",url:"nr_rdxs_10_1. htm"},
　　　　　{name:"简谱视唱与听力训练",author:"冯往前",
pic:"rdxs9 – 1. jpg",url:"nr_rdxs_9_1. htm"},
　　　　　{name:"中国丛报",author:"张西平",
pic:"rdxs8 – 1. jpg",url:"nr_rdxs_8_1. htm"},
　　　　　{name:"二十世纪中国文学史",author:"顾彬",
pic:"rdxs7 – 1. jpg",url:"nr_rdxs_7_1. htm"},
　　　　　{name:"图书馆学季刊",author:"中华图书馆协会",
pic:"rdxs6 – 1. jpg",url:"nr_rdxs_6_1. htm"},
　　　　　{name:"1200 例旋律听觉训练教程",author:"刘小明",
pic:"rdxs5 – 1. jpg",url:"nr_rdxs_5_1. htm"},
　　　　　{name:"American foreign policy traditions",author:"Brendon O´Connor",
pic:"rdxs4 – 1. jpg",url:"nr_rdxs_4_1. htm"},
　　　　　{name:"Monetary theory",author:"Antoin E. Murphy",

```
pic:"rdxs3 - 1. jpg",url:"nr_rdxs_3_1. htm"},
              {name:"Form and forces",author:"Edward Allen",
pic:"rdxs2 - 1. jpg",url:"nr_rdxs_2_1. htm"},
              {name:"The international relations of Sub - Saharan Africa",
author:"Ian Taylor",pic:"rdxs1 - 1. jpg",url:"nr_rdxs_1_1. htm"} <! -- 以上 2011 年 11 月
12 本 -->


          ]
      ];


    var btnArray = [
        {lose_f:"previous1. gif",get_f:"previous2. gif",url:""},//上一页
        {lose_f:"next1. gif",get_f:"next2. gif",url:""},//下一页
        {lose_f:"back1. gif",get_f:"back2. gif",url:"../index. htm? 2&0"},//返回(上一
级)
        {lose_f:"quit1. gif",get_f:"quit2. gif",url:"../index. htm? 2&0"},//退出(看电视)
        {lose_f:"main1. gif",get_f:"main2. gif",url:"http://172. 16. 252. 158/portal/index.
htm"},//主页
        {lose_f:"button1. gif",get_f:"button2. gif",url:"../index. htm? 2&0"},//栏目首页
        {lose_f:"help1. gif",get_f:"help2. gif",url:"http://172. 16. 252. 163/helpAll/help/
help. htm?" + iPanel. mainFrame. location. href}//帮助
      ];


    function $(__id){
        return document. getElementById(__id);
    }


    var inputObj = new
input_obj("input","num","","focus_input. gif","global_tm. gif",25,3);
    var pageSize = 4;//每页多少条
    var posArray = [0,0,0,0,0,0,0,0,0,0]//焦点位置
    var btnPos = 1;
    var L_pos = 0;
    var area = 0;//0 L 1 lsit 2 input 3 ok 4 btn 5 time
    var btn1st = 0;//按钮初始位置


    var curr_page = parseInt((posArray[L_pos] + pageSize)/pageSize);//当前第几页
    var all_page = parseInt((tmArray[L_pos]. length - 1 + pageSize)/pageSize);//总共多
```

少页

```javascript
var url = window. location. href;
if( url. indexOf( "?" ) > -1 ) {
    url = url. substr( url. indexOf( "?" ) + 1 );
    url = url. split( "&" );
    if( url. length == 1 ) {
        L_pos = parseInt( url[0] );
    }
    else if( url. length == 2 ) {
        L_pos = parseInt( url[0] );
        posArray[ L_pos ] = parseInt( url[1] );
        area = 1;
    }
}


function $( __id ) {
    return document. getElementById( __id );
}


function init( ) {
    initBtn( );
    showTime( );
    showTm( );
    L_focus( 0 );
    if( window. location. href. indexOf( "?" ) > -1 ) {
    listFocus( 0 ); }
}


function showPageNum( ) {
    curr_page = parseInt( ( posArray[ L_pos ] + pageSize )/pageSize );//当前第几页
    all_page = parseInt( ( tmArray[ L_pos ]. length - 1 + pageSize )/pageSize );//总共多
少页
    $( "pageNum" ). innerHTML = "第" + curr_page + "页/共" + all_page + "页";


}


function showTm( ) {
    var position = ( parseInt( ( posArray[ L_pos ] + pageSize )/pageSize ) - 1 ) * pageSize;//
```

当前页的第一个位置

```
    for( i = 0 ; i < pageSize ; i + + ) {
        if( position + i < tmArray[ L_pos ]. length ) {
            $( "name" + i ). innerText = tmArray[ L_pos ][ position + i ]. name;
            $( "author" + i ). innerText = tmArray[ L_pos ][ position + i ]. author;
            $( "img" + i ). src = tmArray[ L_pos ][ position + i ]. pic;
        }
        else {
            $( "name" + i ). innerText = " ";
            $( "author" + i ). innerText = " ";
            $( "img" + i ). src = "time_bg0. gif";
        }
    }
    showPageNum( );
}


function listFocus( _ _num ) {
    $( "td" + posArray[ L_pos ] % pageSize ). style. backgroundImage = "url( )";
    var tempPos = posArray[ L_pos ];//记录交互前的焦点位置
    posArray[ L_pos ] + = _ _num;
    if( posArray[ L_pos ] < 0 ) {
            posArray[ L_pos ] = 0;
            area = 0;
            L_focus( 0 );
            return;
    }
    else if( posArray[ L_pos ] > tmArray[ L_pos ]. length − 1 ) {
            posArray[ L_pos ] = tempPos;
    }
    //如果翻了页,条目重新输出
    if( parseInt( ( posArray[ L_pos ] + pageSize )/pageSize )! = parseInt( ( tempPos +
pageSize )/pageSize ) ) {
            //判断交互前交互后的 pos 是否同一页上。如果不是同一页就重新输出文字
            //showTm( );
            if( _ _num == 1 ) {
                posArray[ L_pos ] = tempPos;
            }
            else if( _ _num == − 1&&tempPos% pageSize == 0 ) {
                posArray[ L_pos ] = tempPos;
```

```
                area = 0;
                L_focus(0);
                return;
            }
        }
    $("td" + posArray[L_pos]% pageSize).style.backgroundImage = "url(listFocus.
gif)";
    }


function L_focus(__num){

    $("L" + L_pos).src = menuArray[L_pos].lose_f;
    L_pos += __num;
    if(L_pos < 0)L_pos = 0;
    else if(L_pos > menuArray.length - 1){
        area = 5;
        $("timeTd").style.backgroundImage = "url(time_bg1.gif)";
        L_pos = menuArray.length - 1;
        return;
    }
    $("L" + L_pos).src = menuArray[L_pos].get_f;
    ////////////
    showTm();
    initBtn();
}


function initBtn(){
    if(curr_page == 1){
        btn1st = 1;
        btnPos = 1;
        /* btnArray[0].lost_f = "tm.gif";
        btnArray[0].get_f = "tm.gif";
        btnArray[0].url = "";
        btnArray[1].lost_f = "next1.gif";
        btnArray[1].get_f = "next2.gif";
        btnArray[1].url = ""; */
        btnArray = [
    {lose_f:"tm.gif",get_f:"tm.gif",url:""},//上一页
    {lose_f:"next1.gif",get_f:"next2.gif",url:""},//下一页
```

```
            {lose_f:"back1. gif",get_f:"back2. gif",url:"../index. htm? 2&0"},//返回(上一级)
            {lose_f:"quit1. gif",get_f:"quit2. gif",url:"../index. htm? 2&0"},//退出(看电视)
            {lose_f:"main1. gif",get_f:"main2. gif",url:"http://172. 16. 252. 158/portal/index.
htm"},//主页
            {lose_f:"button1. gif",get_f:"button2. gif",url:"../index. htm? 2&0"},//栏目首页
            {lose_f:"help1. gif",get_f:"help2. gif",url:"http://172. 16. 252. 163/helpAll/help/
help. htm?" + iPanel. mainFrame. location. href}//帮助
        ];
      } else if( curr_page == all_page) {
          btn1st = 1;
          btnPos = 1;
          /* btnArray[0]. lost_f = "tm. gif";
          btnArray[0]. get_f = "tm. gif";
          btnArray[0]. url = "";
          btnArray[1]. lost_f = "previous1. gif";
          btnArray[1]. get_f = "previous2. gif";
          btnArray[1]. url = ""; */
          btnArray = [
            {lose_f:"tm. gif",get_f:"tm. gif",url:""},//上一页
            {lose_f:"previous1. gif",get_f:"previous2. gif",url:""},//下一页
            {lose_f:"back1. gif",get_f:"back2. gif",url:"../index. htm? 2&0"},//返回(上一级)
            {lose_f:"quit1. gif",get_f:"quit2. gif",url:"../index. htm? 2&0"},//退出(看电视)
            {lose_f:"main1. gif",get_f:"main2. gif",url:"http://172. 16. 252. 158/portal/index.
htm"},//主页
            {lose_f:"button1. gif",get_f:"button2. gif",url:"../index. htm? 2&0"},//栏目首页
            {lose_f:"help1. gif",get_f:"help2. gif",url:"http://172. 16. 252. 163/helpAll/help/
help. htm?" + iPanel. mainFrame. location. href}//帮助
        ];

      } else {
          btn1st = 0;
          btnPos = 1;
          /* btnArray[0]. lost_f = "previous1. gif";
          btnArray[0]. get_f = "previous2. gif";
          btnArray[0]. url = "";
          btnArray[1]. lost_f = "next1. gif";
          btnArray[1]. get_f = "next2. gif";
          btnArray[1]. url = ""; */
          btnArray = [
```

```
          {lose_f:"previous1.gif",get_f:"previous2.gif",url:""},//上一页
          {lose_f:"next1.gif",get_f:"next2.gif",url:""},//下一页
          {lose_f:"back1.gif",get_f:"back2.gif",url:"../index.htm? 2&0"},//返回(上一级)
          {lose_f:"quit1.gif",get_f:"quit2.gif",url:"../index.htm? 2&0"},//退出(看电视)
          {lose_f:"main1.gif",get_f:"main2.gif",url:"http://172.16.252.158/portal/index.
htm"},//主页
          {lose_f:"button1.gif",get_f:"button2.gif",url:"../index.htm? 2&0"},//栏目首页
          {lose_f:"help1.gif",get_f:"help2.gif",url:"http://172.16.252.163/helpAll/help/
help.htm?" + iPanel.mainFrame.location.href}//帮助
      ];


      }
            //for( i = 0;i < btnArray.length;i ++ ) {


                $("btn0").src = btnArray[0].lose_f;
                $("btn1").src = btnArray[1].lose_f;


            //}
      }


function btnFocus( __num) {
      $("btn" + btnPos).src = btnArray[btnPos].lose_f;
      btnPos + = __num;
      if( btnPos < btn1st) {
            btnPos = btn1st;
            area = 5;
            $("timeTd").style.backgroundImage = "url(time_bg1.gif)";
            return;
      }
      if( btnPos > btnArray.length - 1) btnPos = btnArray.length - 1;
      $("btn" + btnPos).src = btnArray[btnPos].get_f;
}


function inputFocus( e) {
      if( e == 1) {//上
            area = 1;
            listFocus(0);
            inputObj.lose_focus();
      }
```

```
            else if( e == 2) {//下
                area = 4;
                btnFocus(0);
                inputObj. lose_focus();
            }
        /* else if( e == 3) {//左
                area = 0;
                L_focus(0);
                inputObj. lose_focus();
            } */
            else if( e == 4) {//右
                area = 3;
                $( "ok" ). src = "btn1. png"
                inputObj. lose_focus();
            }
        }


    function showTime( ) {
        var now = new Date( );//获取当前时间
        var year = now. getYear( );//年
        var month = ( ( now. getMonth( ) + 1) < 10)? ( "0" + ( now. getMonth( ) + 1)):( now.
getMonth( ) + 1);//月
        var date = ( now. getDate( ) < 10)? ( "0" + now. getDate( )):now. getDate( );//日
        var hour = ( now. getHours( ) < 10)? ( "0" + now. getHours( )):now. getHours( );//时
        var minute = ( now. getMinutes( ) < 10)? ( "0" + now. getMinutes( )):now. getMinutes
( );//分
        var second = ( now. getSeconds( ) < 10)? ( "0" + now. getSeconds( )):now. getSeconds
( );//秒

        $( "timeTd" ). innerText = year + " - " + month + " - " + date + "   " +
hour + ":" + minute/* + ":" + second */;
        //刷新时间
        setTimeout( showTime( ),60000);
    }


    function pageUp( ) {
        posArray[ L_pos ] - = pageSize;
        if( posArray[ L_pos ] < 0) posArray[ L_pos ] = 0;
        showTm( );
```

```
        if( area ==4) $("btn" + btnPos). src = btnArray[ btnPos]. lose_f;
        initBtn( ) ;
        btnPos = btn1 st ;
        if( area ==4) {
            //initBtn( ) ;

            btnFocus(0) ;
        }
    }


    function pageDown( ) {
        posArray[ L_pos] + = pageSize ;
        if( posArray[ L_pos] > tmArray[ L_pos]. length - 1) posArray[ L_pos] = tmArray[ L_
pos]. length - 1 ;
        showTm( ) ;
        if( area ==4) $("btn" + btnPos). src = btnArray[ btnPos]. lose_f;
        initBtn( ) ;
        if( curr_page == all_page) {
                btnPos = btn1 st ;
            } else {
                btnPos = btn1 st + 1 ;
            }
        if( area ==4) {
            //initBtn( ) ;

            btnFocus(0) ;
        }
    }


    function gotoPage( ) {
        var n = inputObj. input_str ;//获取页码
        //var position = ( parseInt( ( posArray[ L_pos] + pageSize)/pageSize) - 1)
* pageSize ;//当前页的第一个位置
        var tempPos = posArray[ L_pos] ;
        posArray[ L_pos] = ( n - 1) * pageSize ;

        if( posArray[ L_pos] > = tmArray[ L_pos]. length) {
            posArray[ L_pos] = tempPos ;
            return ;
```

```
        }
        showTm( ) ;


}


function doSelect( ) {
    if( area == 0 ) {


    }
    else if( area == 1 ) {
            location. href = tmArray[ L_pos ] [ posArray[ L_pos ] ]. url + " ?" + L_pos + " &" +
posArray[ L_pos ] ;
        }
    else if( area == 2 ) {


    }
    else if( area == 3 ) {
            gotoPage( ) ;
    }
    else if( area == 4 ) {
            if( btnPos == 0 ) pageUp( ) ;
            else if( btnPos == 1 ) {
            if( curr_page == all_page ) {
                    pageUp( ) ;
                } else {
                    pageDown( ) ;
                }
            }
            else location. href = btnArray[ btnPos ]. url ;
    }
    else if( area == 5 ) {
            location. href = DATE_URL ;//时间
    }
}


document. onsystemevent = grabEvent ;
document. onkeypress = grabEvent ;
document. onirkeypress = grabEvent ;
function grabEvent( ) {
```

```
var key_code = event. which;
switch( key_code) {
    case 1://up
    case 269:
        if( area ==0) L_focus( -1) ;
        else if( area ==2) inputFocus( 1) ;
        else if( area ==4) {
            area =2;
            inputObj. show_cursor( ) ;
            $( "btn" + btnPos). src = btnArray[ btnPos]. lose_f;
        }
        else if( area ==3) {
            area =1;
            $( "ok"). src = "btn0. png" ;
            listFocus( 0) ;
        }
        else if( area ==5) {
            $( "timeTd"). style. backgroundImage = "url( )" ;
            area =0;
            L_focus( 0) ;
        }
        return 0;
        break;
    case 2://down
    case 270:
        if( area ==0) L_focus( 1) ;
        else if( area ==1) {
            area =2;
            inputObj. show_cursor( ) ;
            $( "td" + posArray[ L_pos]% pageSize). style. backgroundImage = "url( )" ;
        }
        else if( area ==2) inputFocus( 2) ;
        else if( area ==3) {
            area =4;
            $( "ok"). src = "btn0. png" ;
            btnFocus( 0) ;
        }
        return 0;
        break;
```

```
case 3://left
    if( area == 1) listFocus( - 1) ;
    else if( area == 4) btnFocus( - 1) ;
    else if( area == 2) inputObj. del_input( ) ;
    else if( area == 3) {
        area = 2 ;
        $( "ok" ). src = "btn0. png" ;
        inputObj. show_cursor( ) ;
    }
    return 0 ;
    break ;
case 4://right
    if( area == 1) listFocus( 1) ;
    else if( area == 2) inputFocus( 4) ;
    else if( area == 0) {
        area = 1 ;
        posArray[ L_pos] = ( parseInt( ( posArray[ L_pos] + pageSize) /pageSize)
- 1) * pageSize;
        listFocus( 0) ;
        $( "L" + L_pos). src = menuArray[ L_pos]. move_f;
    }
    else if( area == 4) btnFocus( 1) ;
    else if( area == 5) {
        $( "timeTd" ). style. backgroundImage = "url( )" ;
        area = 4 ;
        btnFocus( 0) ;
    }
    return 0 ;
    break ;
case 13://ok
    doSelect( ) ;
    return 0 ;
    break ;
case 48:
case 49:
case 50:
case 51:
case 52:
case 53:
```

```
case 54:
case 55:
case 56:
case 57:
    if( area == 2) {
        var num = key_code - 48;
        inputObj. get_input( num) ;//获取输入的数字
    }
    return 0;
    break;
case 340://back
case 283:
    if( area == 4) {
        location. href = btnArray[2]. url;
    }
    else if( area == 2) inputObj. del_input( ) ;
    else if( area == 3) {
        area = 2;
        $("ok"). src = "btn0. png";
        inputObj. show_cursor( ) ;
    }
    else {
        location. href = btnArray[2]. url;
    }
    return 0;
    break;
case 339://exit;
    location. href = btnArray[3]. url;
    return 0;
    break;
case 1000://green 首页
    location. href = btnArray[4]. url;
    return 0;
    break;
case 832:
case 141://red 栏目
    location. href = btnArray[5]. url;
    return 0;
    break;
```

```
        case 835:
        case 144://blue 帮助
            location. href = btnArray[6]. url;
            return 0;
            break;
        case 512://主页
            location. href = "http://172. 16. 252. 158/portal/index. htm";
            return 0;
            break;
        case 373:
        case 375://P +
            pageDown( );
            return 0;
            break;
        case 372:
        case 374:
            pageUp( );
            return 0;
            break;
    }
}


</script >

</head >

< body background = "bg. jpg" leftmargin = "0" topmargin = "0" onload = "init( );" >
< div style = "position:absolute;width:286px;height:438px;top:136px;left:77px;" >
    < table width = "100%" border = "0" cellspacing = "0" cellpadding = "0" >
    < tr >
        < td > < img id = "L0" src = "menu0_0. jpg" width = "263" height = "71"/ > </td >
    </tr >
    < tr >
        < td > < img id = "L1" src = "menu0_1. jpg" width = "263" height = "71"/ > </td >
    </tr >
    < tr >
        < td > < img id = "L2" src = "menu0_2. jpg" width = "263" height = "71"/ > </td >
    </tr >
    < tr >
```

```
< td > < img id = "L3" src = "menu0_3. jpg" width = "263" height = "71"/ > </td >
  </tr >
  < tr >
    < td > < img id = "L4" src = "menu0_4. jpg" width = "263" height = "70"/ > </td >
  </tr >
  < tr >
    < td > < img id = "L5" src = "menu0_5. jpg" width = "263" height = "71"/ > </td >
  </tr >
  </table >
</div >


< div style = "position:absolute;width:828px;height:346px;top:176px;left:384px;" >
  < table width = "828" height = "345" border = "0" cellpadding = "0" cellspacing = "0" >
    < tr >
      < td width = "207" height = "345" align = "center" id = "td0" > < table width = "89%" border = "0" cellspacing = "0" cellpadding = "0" >
        < tr >
          < td height = "257" align = "center" > < img src = "pic1_06. jpg" width = "156" height = "226" id = "img0"/ > </td >
        </tr >
        < tr >
          < td height = "50" align = "center" valign = "top" id = "name0" > </td >
        </tr >
        < tr >
          < td height = "40" align = "center" valign = "top" id = "author0" > </td >
        </tr >
      </table > </td >
      < td width = "207" align = "center" id = "td1" > < table width = "89%" border = "0" cellspacing = "0" cellpadding = "0" >
        < tr >
          < td height = "257" align = "center" > < img id = "img1" src = "pic1_06. jpg" width = "156" height = "226"/ > </td >
        </tr >
        < tr >
          < td height = "50" align = "center" valign = "top" id = "name1" > </td >
        </tr >
        < tr >
          < td height = "40" align = "center" valign = "top" id = "author1" > </td >
        </tr >
```

```
</table > </td >
    < td width = "207" align = "center" id = "td2" > < table width = "89%" border = "
0" cellspacing = "0" cellpadding = "0" >
        < tr >
            < td height = "257" align = "center" > < img id = "img2" src = "pic1_06. jpg"
width = "156" height = "226"/ > </td >
        </tr >
        < tr >
            < td height = "50" align = "center" valign = "top" id = "name2" > </td >
        </tr >
        < tr >
            < td height = "40" align = "center" valign = "top" id = "author2" > </td >
        </tr >
    </table > </td >
    < td width = "207" align = "center" id = "td3" > < table width = "89%" border = "
0" cellspacing = "0" cellpadding = "0" >
        < tr >
            < td height = "257" align = "center" > < img id = "img3" src = "pic1_06. jpg"
width = "156" height = "226"/ > </td >
        </tr >
        < tr >
            < td height = "50" align = "center" valign = "top" id = "name3" > </td >
        </tr >
        < tr >
            < td height = "40" align = "center" valign = "top" id = "author3" > </td >
        </tr >
    </table > </td >
  </tr >
  </table >
</div >
< ! --< div style = "position:absolute;width:1067px;height:43px;top:605px;left:129px;" >
    < marquee style = "font - size:24px;color:#000000" > 书山学海,电视国图! 欢迎使用高
清交互数字电视"国图空间"服务! </marquee > </div >-->
    < div style = "position:absolute;left:308px;top:639px;width:913px;height:0px;z - index:
2;text - align:right;" >
        < table border = "0" cellpadding = "0" cellspacing = "0" >
            < tr >
                < td align = "center" > < img src = "tm. gif" name = "Image8" width = "136" height
= "51" border = "0" id = "btn0"/ > </td >
```

< td align = " center" > < img src = " next1. gif" name = " Image9" width = " 136"
height = "51" border = "0" id = "btn1"/ > < /td >

    < td align = " center" > < img src = " back1. gif" name = " Image10" width = " 109"
height = "51" border = "0" id = "btn2"/ > < /td >

    < td align = " center" > < img src = " quit1. gif" name = " Image11" width = " 109"
height = "51" border = "0" id = "btn3"/ > < /td >

    < td align = " center" > < img src = " main1. gif" name = " Image12" width = " 109"
height = "51" border = "0" id = "btn4"/ > < /td >

    < td align = " center" > < img src = " button1. gif" name = " Image13" width = " 109"
height = "51" border = "0" id = "btn5"/ > < /td >

    < td align = " center" > < img src = " help1. gif" name = " Image14" width = " 109"
height = "51" border = "0" id = "btn6"/ > < /td >

    < /tr >

   < /table >

  < /div >

  < div id = " layer" style = " position: absolute; width:238px; height:28px; top:643px; left:
64px; z − index:1;" >

   < table width = "238" height = "32" border = "0" cellpadding = "0" cellspacing = "0" >

   < tr >

   < td align = " left" valign = " bottom" style = " background − position: center; back-
ground − repeat:no − repeat; height:39px; line − height:39px; font − size:24px; color:#FFFFFF;"
id = "timeTd" > < /td >

   < /tr >

  < /table >

  < /div >

 < div style = " position:absolute; width:455px; height:37px; top:536px; left:741px;" >

  < table width = "100%" height = "33" border = "0" cellpadding = "0" cellspacing = "0" >

  < tr >

   < td id = " pageNum" class = " zt" width = " 245" align = " center" >   < /td >

   < td class = " zt" align = " right" width = " 50" > 跳到 < /td >

   < td width = " 60" align = " center" background = " input_24. png" id = " input" >
  < /td >

   < td class = " zt" align = " left" width = " 40" > 页 < /td >

   < td width = "60" > < img id = " ok" src = " btn0. png" width = " 55" height = " 27"/ >
< /td >

   < /tr >

  < /table >

```
   </div>
   <div class="dh" style="position:absolute;width:664px;height:38px;line-height:38px;
top:68px;left:199px;color:#FFFFFF;font-size:24px">&gt;书刊推荐</div>
   </body>
   </html>
```

视频类内容,以"国图空间"的《书画鉴赏》栏目中的视频页面为实验对象。除了常规的图文页功能,当用户点击页面上"视频播放"按键时,页面必须精确地定位到被复制到不同服务器上的特定视频,以确保视频正常播放。

《书画鉴赏》栏目视频播放模块源代码如下:

```
var DATE_URL = "http://172.16.252.164:8080/CALENDAR/index.htm";//日期


var btnArray = [
    {lose_f:"previous1.gif",get_f:"previous2.gif",url:""},//上一页
    {lose_f:"next1.gif",get_f:"next2.gif",url:""},//下一页
    {lose_f:"back1.gif",get_f:"back2.gif",url:"index.htm"},//返回(上一级)
    {lose_f:"quit1.gif",get_f:"quit2.gif",url:"../index.htm? 3&1"},//退出(看电视)
    {lose_f:"main1.gif",get_f:"main2.gif",url:"http://172.16.252.158/portal/index.
htm"},//主页
    {lose_f:"button1.gif",get_f:"button2.gif",url:"../index.htm? 3&1"},//栏目首页
    {lose_f:"help1.gif",get_f:"help2.gif",url:"http://172.16.252.163/helpAll/help/
help.htm?" + iPanel.mainFrame.location.href}//帮助
];


var btnPos = 0;//
var btnGet = 0;//上一页下一页标志
var area = 0;
var listPos = 0;
var menuPos = 0;
var flag = 0;//是否有两个传至
var btnm = 0;
var url = window.location.href;
if(url.indexOf("?") > -1){
    url = url.substr(url.indexOf("?") +1);
    url = url.split("&");
    if(url.length == 1){
        menuPos = parseInt(url[0]);
        flag = 0;
    }
    else if(url.length == 2){
```

```
        menuPos = parseInt( url[ 0 ] ) ;
        listPos = parseInt( url[ 1 ] ) ;
        flag = 1 ;
    } else if( url. length == 3 ) {
        menuPos = parseInt( url[ 0 ] ) ;
        listPos = parseInt( url[ 1 ] ) ;
        btnGet = parseInt( url[ 2 ] ) ;
        flag = 2 ;


    }

}


    function gotoPrev( ) {
        if( PREV_URL! = "" ) {
        if( flag == 0 ) location. href = PREV_URL + " ?" + menuPos + "&0" ;
        if( flag == 1 ) location. href = PREV_URL + " ?" + menuPos + "&0" ;
        if( flag == 2 ) location. href = PREV_URL + " ?" + menuPos + "&" + listPos + "&0" ;

    }

}


function gotoNext( ) {
    //alert( menuPos ) ;
    if( NEXT_URL! = "" ) {
        if( flag == 0 ) location. href = NEXT_URL + " ?" + menuPos + "&1" ;
        if( flag == 1 ) location. href = NEXT_URL + " ?" + menuPos + "&1" ;
        if( flag == 2 ) location. href = NEXT_URL + " ?" + menuPos + "&" + listPos + "&1" ;

    }

}


function gotoBack( ) {
    if( BACK_URL! = "" ) {
        //if( flag == 0 )
        location. href = BACK_URL + " ?" + menuPos ;
        //if( flag == 1 ) location. href = BACK_URL + " ?" + menuPos + "&" + listPos ;
        //if( flag == 0 ) location. href = btnArray[ 2 - btnm ]. url + " ?" + menuPos ;
        //if( flag == 1 ) location. href = btnArray[ 2 - btnm ]. url + " ?" + menuPos + "&" +
listPos ;

        //if( flag == 2 ) location. href = btnArray[ 2 - btnm ]. url + " ?" + menuPos + "&" +
listPos ;
```

```
        //location. href = BACK_URL + " ?" + L_pos + " &" + posArray[ L_pos ];
        //location. href = btnArray[ 2 - btnm ]. url + " ?" + listPos;
        //location. href = BACK_URL;
    }
}


function btnFocus( __num ) {
    n = btnPos + btnm;

    $( "btn" + n ). src = btnArray[ btnPos ]. lose_f;
    btnPos + = __num;
    if( btnPos < 0 ) {
        btnPos = 0;
        area = 1;
        $( "timeTd" ). style. backgroundImage = "url( time_bg1. gif )";
        return;
    }
    if( btnPos > btnArray. length - 1 ) btnPos = btnArray. length - 1;

    m = btnPos + btnm;

    $( "btn" + m ). src = btnArray[ btnPos ]. get_f;
}
function $( __id ) {
    return document. getElementById( __id );
}
function prtBtn( ) {
    if( btnArray. length == 6 ) {
        $( "btn0" ). src = "tm. gif";
        for( i = 1; i < = 6; i + + ) {
            $( "btn" + i ). src = btnArray[ i - 1 ]. lose_f;
        }
    } else if( btnArray. length == 5 ) {
        $( "btn0" ). src = "tm. gif";
        $( "btn1" ). src = "tm. gif";
        for( i = 2; i < = 6; i ++ ) {
            $( "btn" + i ). src = btnArray[ i - 2 ]. lose_f;
        }
    } else if( btnArray. length == 7 ) {
```

```
            for(i = 0;i < =6;i + + ){
                $("btn" + i). src = btnArray[i]. lose_f;
            }
        }
        return;
    }
    function getBtn( ){

        if( NEXT_URL！ = ""&&PREV_URL == ""){
            //没有【上一页】只有【下一页】
            btnArray = [

            {lose_f:"next1. gif",get_f:"next2. gif",url:""},//下一页
            {lose_f:"back1. gif",get_f:"back2. gif",url:"index. htm"},//返回(上一级)
            {lose_f:"quit1. gif",get_f:"quit2. gif",url:"../index. htm? 3&1"},//退出(看电视)
            {lose_f:"main1. gif",get_f:"main2. gif",url:"http://172. 16. 252. 158/portal/index.
htm"},//主页
            {lose_f:"button1. gif",get_f:"button2. gif",url:"../index. htm? 3&1"},//栏目首页
            {lose_f:"help1. gif",get_f:"help2. gif",url:"http://172. 16. 252. 163/helpAll/help/
help. htm?" + iPanel. mainFrame. location. href}//帮助

            ];
            //prtBtn( );
            btnm = 1;
        }else if( NEXT_URL == ""&&PREV_URL！ = ""){
            btnArray = [
            {lose_f:"previous1. gif",get_f:"previous2. gif",url:""},//上一页
            {lose_f:"back1. gif",get_f:"back2. gif",url:"index. htm"},//返回(上一级)
            {lose_f:"quit1. gif",get_f:"quit2. gif",url:"../index. htm? 3&1"},//退出(看电视)
            {lose_f:"main1. gif",get_f:"main2. gif",url:"http://172. 16. 252. 158/portal/index.
htm"},//主页
            {lose_f:"button1. gif",get_f:"button2. gif",url:"../index. htm? 3&1"},//栏目首页
            {lose_f:"help1. gif",get_f:"help2. gif",url:"http://172. 16. 252. 163/helpAll/help/
help. htm?" + iPanel. mainFrame. location. href}//帮助
            ];
            //prtBtn( );
            btnm = 1;
        }else if( NEXT_URL == ""&&PREV_URL == ""){
```

```
    btnArray = [
        {lose_f:"back1. gif",get_f:"back2. gif",url:"index. htm"},//返回(上一级)
        {lose_f:"quit1. gif",get_f:"quit2. gif",url:".. /index. htm? 3&1"},//退出(看电视)
        {lose_f:"main1. gif",get_f:"main2. gif",url:"http://172. 16. 252. 158/portal/index.
htm"},//主页
        {lose_f:"button1. gif",get_f:"button2. gif",url:".. /index. htm? 3&1"},//栏目首页
        {lose_f:"help1. gif",get_f:"help2. gif",url:"http://172. 16. 252. 163/helpAll/help/
help. htm?" + iPanel. mainFrame. location. href}//帮助
    ];
    //prtBtn();
    btnm = 2;
    }else{
        btnPos = btnGet;
    }

    prtBtn();
    return;
}


function init(){
    getBtn();
    showTime();
    if(NEXT_URL == ""){
        listPos = 0;
    }
    btnFocus(listPos);
}
function showTime(){
    var now = new Date();//获取当前时间
    var year = now. getYear();//年
    var month = ((now. getMonth() +1) <10)? ("0" + (now. getMonth() +1)):(now.
getMonth() +1);//月
    var date = (now. getDate() <10)? ("0" + now. getDate()):now. getDate();//日
    var hour = (now. getHours() <10)? ("0" + now. getHours()):now. getHours();//时
    var minute = (now. getMinutes() <10)? ("0" + now. getMinutes()):now. getMinutes
();//分
    var second = (now. getSeconds() <10)? ("0" + now. getSeconds()):now. getSeconds
();//秒
```

```
    $("timeTd").innerText = year + " - " + month + " - " + date + "    " +
hour + " :" + minute/ * +" :" + second * /;
    //刷新时间
    setTimeout(´showTime( )´,60000);
}


function doSelect( ) {
    if( area == 0) {
        if( btnm == 1)
        {
            if( btnPos == 0) {
              if( NEXT_URL == " ") {
                    gotoPrev( );
              } else if( PREV_URL == " ") {
                    gotoNext( );
              }
            } else if( btnPos == 1) {
                    gotoBack( );
            } else {
                    location.href = btnArray[ btnPos].url;
            }
        } else if( btnm == 2) {
            if( btnPos == 0) {
                    gotoBack( );} else {
            location.href = btnArray[ btnPos].url;}
        } else if( btnm == 0) {
            if( btnPos == 0) {
                    //上一页

                    gotoPrev( );

            } else if( btnPos == 1) {
            //下一页
                    gotoNext( );
            } else if( btnPos == 2) {
                    gotoBack( );
            }
            else {
                location.href = btnArray[ btnPos].url;
```

```
                }
            }
        }
        else if( area == 1 ) {
            location. href = DATE_URL;
        }

    }

document. onsystemevent = grabEvent;
document. onkeypress = grabEvent;
document. onirkeypress = grabEvent;
function grabEvent( ) {
    var key_code = event. which;
    //alert( key_code)
    switch( key_code) {
        case 1 ://up
        case 269 :

            return 0;
            break;
        case 2 ://down
        case 270 :

            return 0;
            break;
        case 3 ://left
        case 271 :
            if( area == 0 ) btnFocus( - 1 );
            return 0;
            break;
        case 4 ://right
        case 272 :
            if( area == 0 ) btnFocus( 1 );
            else if( area == 1 ) {
                $( "timeTd" ). style. backgroundImage = "url( )";
                area = 0;
                btnFocus( 0 );
            }
```

```
            return 0;
            break;
    case 373://下一页
    case 375:
            //alert("next");
            gotoNext();
            //gotoPrev();
            return 0;
            break;
    case 372://上一页
    case 374:
            //alert("prev");
            gotoPrev();
            //gotoNext();
            return 0;
            break;
    case 13://确定
            doSelect()
            return 0;
            break;
    case 340://back
    case 283:
            //location. href = btnArray[2 - btnm]. url;
            gotoBack();
            return 0;
            break;
    case 339://exit;
            location. href = btnArray[3 - btnm]. url;
            return 0;
            break;
    case 1000://green 首页
            location. href = btnArray[4 - btnm]. url;
            return 0;
            break;
    case 832:
    case 141://red 栏目
            location. href = btnArray[5 - btnm]. url;
            return 0;
            break;
```

```
case 835：
case 144：//blue 帮助
    location. href = btnArray［6 - btnm］. url；
    return 0；
    break；
case 512：//主页
    location. href = " http：//172. 16. 252. 158/portal/index. htm" ；
    return 0；
    break；
    ｝
    ｝
    ｝
```

七、未来发展趋势

（一）视频内容直播化

"使用与满足理论"认为,媒体与用户之间的关系不是媒介提供用户什么,而是用户利用媒介做了什么。这一理论提醒我们,媒介是用户满足认知需求、情感需求、社会需求的工具,尤其在进入新媒体时代后,新媒体用户较传统媒体使用者变得更为主动,对资源的需求更加多样化、个性化、及时化,因此电视图书馆在加强自身资源建设的同时,提供点播以外的直播形式来满足用户需求成为一种发展的必然。

同时,视觉化是新媒体发展的必然。各种视频网站的勃兴,正是新媒体视觉化时代到来的表现和例证。而随着 3G 实时通信技术的飞速发展,无线通信带宽已经能够支持视音频流的实时传输。3G 实时直播具有设备重量轻、方便携带、操作简便、使用费用低等特点,且其技术本质决定了其播出不受时间、地点、频点资源限制的特性[①]。但由于我国目前实际有效传输带宽有限,3G 实时直播节目的音视频编码质量尚无法达到高清视频的标准和要求,因此,3G 回传在满足用户对知识、信息和资源的需求基础上,更加适用于精度细分的、实时性的公共文化信息直播内容。电视图书馆采用 3G 技术的直播节目也可以非常方便地实现面向网络、手机的直播发布。

在不远的将来,国家图书馆数字电视服务平台通过 3G 网络为用户提供实时公共文化信息直播将成为未来电视图书馆视频类节目可能的发展趋势之一。

（二）媒体功能多样化

为了适应新媒体时代用户的阅读需求,电视图书馆需要采取相应的措施改变自身单一的功能及表现形式。随着云计算、多屏合一等技术的发展与应用,电视图书馆将实现"一能变多能""一屏变多屏"。

一能变多能——在新媒体功能上,电视图书馆将从单一的"收看和点播"、为用户提供信息和资源的基本功能,向为用户提供更实用、更休闲、更互动的功能发展和转变。随着虚拟演播技术及 3D 视像技术的成熟和应用,电视甚至可以成为另外一种形式的数字图书馆互联

---

① 　周智雁.3G 直播系统在电视新媒体中的应用［J］. 电视技术,2011（16）.

网络终端,数字图书馆可以通过数字电视的感应性、互动性,利用声光电的特性,将功能拓展到更加贴近用户生活需求,为用户提供逼真的、立体的甚至拟态的视频或图像类文化资讯、公共信息、体育娱乐、音乐美术等内容功能和服务。

一屏变多屏——依靠功能强大的云计算,多屏合一技术可以为用户提供更加符合个性需求的功能体验,用户只需进行简单的操作,如晃晃电视遥控器或者抖抖手机,就能够通过云计算、3G 或者 wifi 随意便利地实现电视、电脑、智能手机等终端内容的切换和平移,电视图书馆将在终端上从传统的、固定的、单一的数字电视,转变为电视、电脑、手机、户外屏、移动屏等多屏共存、大小互补、点播自主的新局面,电视图书馆也将借此实现功能上、形态上的一屏向多屏的转变,从而满足用户的自主需求。

(三)资源体系向导化

新媒体时代,信息的稀缺程度极大降低,更新频率极大提高。用户在各种铺天盖地的信息面前或真伪难辨,或耗时费力,或一无所获,寻求自己需要的资源变得如同大海捞针,越来越困难。提高用户对信息资源的选取、识别、加工和利用能力,为用户在信息海洋中提供明确的资源指引成为电视图书馆甚至数字图书馆服务亟待解决的问题。

因此,电视图书馆在加强资源建设的同时,应规范资源体系,建立明确详尽的信息向导,并提供易用的搜索功能,方便用户进行各种电视图书馆服务中文字类信息的搜索和选择,甚至,随着多媒体垂直搜索技术的发展和进步,提供用户以图像、音频、视频信息的检索。

此外,繁忙的用户在没有充足的时间和精力浏览较为抽象的图文资源导航体系时,实时的、互动的视频导读也将成为电视图书馆资源向导的另一种发展方向,它可以帮助用户在较短的时间内完成"显性信息需求"的选择,并为其提供"潜在信息需求"的引导和判断。同时,电视图书馆可以以数字电视为平台,通过精炼的视频导读使用户获取知识,从而实现面对用户的资源向导,"让李敖去读经典,我们读李敖"在一定程度上形象地描述了资源体系视频向导的本质。

电视媒体具有信息传播及时、覆盖面广、画面直观易懂、形象生动、受众不受文化层次限制、互动性强等特点,国家数字图书馆双向交互式数字电视服务的发展策略应紧密结合电视传媒的特点,在充分考虑全国观众使用感受的基础上,偏向使用地的受众群体,培养用户的认同感,扩大节目覆盖的广度和深度。此外,可以通过渠道合作开拓和发展更多的交互信息业务,扩大国家数字图书馆数字电视服务的种类,从单纯的图书馆信息服务转向更为广阔的文化信息服务,提高交互信息服务的渗透力。在三网融合背景下,结合双向交互式数字电视技术发展,可以适时适当开展业务整合,将国家数字图书馆馆藏其他资源,如视频、动画、音频等按照符合电视呈现的技术要求进行制作加工,并充分考虑到无障碍元素,配以字幕,使国家数字图书馆的数字电视服务成为集公共传播、文化教育、信息服务、交流互动为一体的新媒体信息终端。

第四节　国家图书馆的触摸屏服务

为了向读者更好地展示国家图书馆的资源和服务,2008 年,国家图书馆率先将大型触摸屏引入到图书馆的服务中,推出了触摸体验系统——Touch Library,读者无须键盘和鼠标,只需手指轻触液晶显示屏的图形、文字或按钮,便可实现触摸体验系统内数字资源的浏览与互动。依托国图丰富的数字资源和优良的设计理念,将更多鲜活的资源集成到了触摸屏中,资源已经包含了馆藏资源、电子报刊、在线讲座、在线展览、服务介绍、文津图书奖及中国政府公开信息整合服务平台等丰富的内容,其中仅馆藏资源就涵盖了古籍珍品、民国书刊、名人手稿、年画、老照片等众多内容。电子报刊是触摸体验系统内更新速度最快的资源之一。通过触摸体验系统查阅电子报刊,读者可以方便快捷地了解国内外的时事动态。电子报纸每天9点之前可以完成当天大部分报纸的更新,电子期刊每月15日左右进行更新。读者通过点击、滑动等简单操作,便可实现电子报刊的选择、放大、缩小、翻页、拖动、查看往期电子报刊等操作。中国政府公开信息整合服务平台整合了各级政府网站的政府公开信息,通过网络采集、处理,建立专题数据库,分成政府信息、政府公报、政府机构三部分对政府公开信息进行展示,为读者查询政府公开信息提供了便利。针对少儿读者对资源的阅读需求,国家图书馆少年儿童馆的触摸体验系统为少儿读者定制了不同的服务界面,在整体风格上营造一种清新、活泼、有趣的氛围,系统内集成了报刊、年画、连环画、国图瑰宝、少儿游戏、优秀图书及少儿原创作品等内容。其中连环画包含《鸡毛信》《花木兰》《昭君出塞》《郑成功》《梁山伯与祝英台》《赤壁大战》等300种,生动形象,引人入胜。在电子期刊的选择上,我们考虑各年龄段少儿的需求,涵盖了适合学前、小学、中学读者阅读的不同期刊,如《东方娃娃》《儿童画报》《金色少年》《课外生活》等。

第五节　BYOD 的兴起

BYOD(Bring Your Own Device)是"自带设备",最先起源于IT企业,是指允许企业员工在工作期间利用自己的移动设备接入企业内部网络以获得信息支持自己的工作进程。随着技术与社会经济的发展,越来越多的用户拥有诸如手提电脑、移动电话、iPad、iPod、PDA、MP4、数据照相机/摄像机等各种与时俱进的个人信息终端设备,从而使这些个人信息终端设备在数字图书馆的服务中越来越多地扮演起重要角色。在数字图书馆环境下实施BYOD,每个用户可以主动地将个人信息终端设备接入到数字图书馆的信息环境当中,而不需要借助图书馆的终端,并且对资源进行使用和个性化的整合[①]。

BYOD作为一种信息服务模式具有三个特点:一是用户驱动性。BYOD用户利用他们自己偏好与常用的个人信息终端设备,按照需求主动获取、分享与应用信息,整个信息服务过程是由用户主动激发与驱动的。二是信息终端多样性。允许用户使用他们自己的信息终端是BYOD的标志性特征。包括用户的多样性以及当前数字化、网络化信息设备产品的多样性。三是情境整合性。由于用户能够在一定情境下整合应用自己在日常生活中使用的信息终端设备来完成自己的既定任务,因此,实际上将生活情境与学习情境进行了有机整合。

BYOD基于对个人信息终端设备的灵活应用为用户提供了一种新的信息服务模式,同时也丰富了用户本身在信息获取与使用中的角色,从而可以创建新型的信息生成、配置与应用模式,随着BYOD以及相关技术的日臻成熟,其在公共文化服务领域的作用也必将得到关注。

---

① 李卢一,郑燕林.美国中小学"自带设备"(BYOD)行动及启示[J].现代远程教育研究,2012(6).

第五章　新媒体资源建设规范

第一节　概述

为保证新媒体服务质量,规范图书馆新媒体资源加工工作,制订本规范。

新媒体资源加工的基本目的,是实现图书馆新媒体资源加工工作的标准化与规范化,为图书馆或外包单位及时、准确、批量地制作统一规格的新媒体资源提供指导和借鉴。

基于图书馆新媒体服务需求,本规范规定了互联网资源、电视资源和移动手机资源的加工原则、参数和方法。具体地,按照资源展现形式,分别对以下类型新媒体资源的设计、制作、加工和使用进行了规定和说明:图文资源、HTML 页面、XHTML 页面、流媒体资源、标清/高清视频资源和图书馆视频化资源。

一、适用范围

本规范适用于在中华人民共和国境内开展的数字图书馆新媒体资源选取和加工制作,确保新媒体资源在不同服务平台间展示的统一性、逻辑的合理化、管理的规范化。

二、术语

(一)新媒体 new media

新媒体是相对于传统媒体而言的,是继电视、报刊、广播等传统媒体之后发展起来的媒体形式,它利用网络技术、移动技术、数字技术,通过互联网、有线网、无线通信网络、卫星等渠道以及手机、数字电视等终端,向用户提供知识信息及娱乐服务的媒体形态。

图书馆的新媒体服务主要是依托互联网、广播电视网和移动通信网传播馆藏网页资源、图文资源和音视频资源。

(二)压缩 compression or bit rate reduction 简称 BRR

减少表示原数据项所用的比特数。

[GB/T 7400—2011]

(三)固定码率 constant bitrate 简称 CBR

固定码率就是恒定比特率,是一种固定采样率的压缩方式。

[GB/T 17975. 2—2000]

(四)数字电视 digital television

用数字信号表示电视的图像信息。

[GB/T 7400—2011]

(五)标准清晰度电视(标准数字电视)standard definition television(SDTV)

其等效质量是由源于 ITU-601 建议书中 4: 2: 2 等级的图像经过码率压缩编解码处理后达到的。对具有代表性的节目素材样本进行判断时,其主观评价质量优于 PAL-D 常规清晰度电视的数字电视系统。

［GB/T 7400—2011］

（六）高清晰度电视 high definition television（HDTV）

高清晰度电视在水平和垂直两个方向上分辨力均约为标准清晰度电视的两倍左右,并具有 16∶9 的幅型比。

［GB/T 7400—2011］

（七）编辑 editing

将一个或多个压缩比特流进行处理,产生一个新的压缩比特流的过程。

［GB/T 7400—2011］

（八）编码 encoding

编码是将图像或声音信息的每个样值按规定的规则用数字序列表示的过程。

［GB/T 7400—2011］

（九）层 layer

由 MPEG-2 视频编码规范定义的、视频和系统规范的数据分层中的一个层次。

［GB/T 7400—2011］

（十）节目 program

节目元素的集合。节目元素可能是基本码流。节目元素不必有确定的时基,但它们具有公共时基,并用于同步表示。

［GB/T 7400—2011］

（十一）像素 Pixels（px）

点,一般为网页中标识字体或图形的单位。

三、引用文档

本规范制定中引用如下标准文档,其中注明日期的引用文档,仅所注日期的版本适用于本规范;未标注日期的引用文档,其最新版本（包括所有的修改版）适用于本规范。

GB/T 7400—2011 广播电视术语

GB/T 28160—2011 数字电视广播电子节目指南规范

GB/T 14219—1993 中文图文电视广播规范

GB/T 17975.1—2010 信息技术　运动图像及其伴音信息的通用编码　第 1 部分:系统

GB/T 17975.2—2000 信息技术　运动图像及其伴音信号的通用编码　第 2 部分:视频

GB/T 17975.3—2002 信息技术　运动图像及其伴音信号的通用编码　第 3 部分:音频

第二节　新媒体资源选取

一、基本原则

新媒体资源选取时应坚持党和国家的基本路线方针政策,遵守各项法律法规,应确保不得存在如下信息内容:

（一）反对宪法所确定的基本原则的；

（二）危害国家的统一、主权和领土完整的；

（三）煽动民族分裂，破坏民族团结的；

（四）国家明令禁止的宣传报道内容；

（五）妨碍社会治安，危害国家安全、荣誉和利益的；

（六）泄露国家秘密的；诽谤、侮辱他人的；

（七）侵犯他人知识产权的信息；

（八）可信度不高的新闻信息及有可能误导舆论，引发社会矛盾的资源内容；

（九）广告、商业性质信息；

（十）含有法律、行政法规禁止的其他内容的。

二、选题范围

（一）传统文化层面：思想观念、伦理道德、宗教、典章、制度、书法、绘画、戏剧、艺术珍品、养生等；

（二）各民族历史文化层面：地域地貌、人文环境、风俗习惯、自然遗产、物质文化遗产以及非物质文化遗产、考古成就、地方文献等；

（三）文化人物层面：文化领域名人或对文化事业有卓越贡献的人物；

（四）文化信息层面：国际国内的文化事件、最近最新文化动态以及区域性的讲座、展览信息、演出资讯等；

（五）其他与国家图书馆新媒体服务定位相符的主题。

三、素材选择

根据已确定的选题范围及资源呈现形式，进行适合的素材选择：

（一）素材与资源主题相契合，并且能够透彻阐明主题。

（二）素材版权明晰。素材采集过程中，应重视相关版权与著作权问题的解决，以免引起纠纷与法律问题。

（三）素材合法有效。素材采集过程中，不得违背国家相关宣传管理政策，不得危害国家安全、扰乱社会秩序、有损他人合法权益，不得采集有暴力、色情、迷信等不良信息的内容。

（四）素材形式多样。素材采集过程中，应结合多种形式，在准确有效的前提下尽可能扩大采集范围，获取具有丰富性、多样化的信息和数据资源。

第三节　图文资源加工规范

一、文案撰写

文案用于新媒体资源加工和发布，应随加工后的文件一并提交，以进行验收、发布和备份。

（一）文案标题应简洁明了，突出主题，控制在 28 个字符(14 个汉字)内；

（二）文案全篇应做到文字精练，语句通顺，无歧义、错字和语法错误；

（三）文案应蕴含丰富知识内容，整体无知识性错误，所涉及知识点准确无误；

（四）文案应以知识点分段，同一知识点文字不超过 250 个字符（125 个汉字）；

（五）文案应以标题命名，并为每个文案建立单独文件夹存放，文件夹以文案名首字母缩写命名。

二、配图制作

配图用于新媒体资源加工和发布，并与对应文案存放在同一级文件夹内，随加工后的文件一并提交，以进行验收、发布和备份。根据发布平台不同，配图的制作加工标准包括：

（一）互联网图文资源配图

互联网图文资源发布平台包括但不限于图书馆网站、官方微博、移动手机平台等，具体加工规范包括：

1. 配图应无任何其他组织和个人所属水印（用于微博平台发布的馆藏特色资源照片、扫描件等配图需平铺 LOGO 水印）；

2. 配图主题应与对应文案内容相符；

3. 配图如另配独立说明文字，需在文案中加以注明；

4. 资讯信息类图文资源配图最短边不小于 500px，图片大小不低于 1MB；

资源揭示类图文资源配图最短边不小于 800px，图片大小不低于 3MB。

5. 配图规格：

（1）采用 JPG 格式；

（2）颜色模式：RGB，不可使用 CMYK 模式；

（3）品质：最佳（12）；

（4）格式选项：资讯信息类配图格式选项应为基线已优化；

（5）资源揭示类配图格式选项应为基线"标准"；

（6）后缀：后缀应为小写 .jpg，不能采用大写 .JPG；

（7）命名：配图应与对应文案存放在同一文件夹内，以文案名首字母缩写 + 序号命名，如：文案名为《新闻—古籍普查成果展 .docx》，则对应配图应命名为 xw_gjpccgz_n.jpg（n 为顺序号）。

6. 配图如必须带有动态效果时，可采用动态 GIF 格式，帧数控制在 2—5 帧之间。

（二）电视图文资源配图

1. 配图应无任何其他组织和个人所属水印；如配图为图书馆特色馆藏资源的照片、扫描件等图片，需在配图上平铺图书馆 logo 水印；

2. 配图主题应与对应文案内容相符；

3. 配图如另配独立说明文字，应在文案中加以注明；

4. 配图最短边不小于 500px，图片大小不超过 200kb。

5. 配图规格：

（1）尽量采用 JPG 格式制作；

（2）大小：不大于 200KB；

（3）后缀：后缀应为小写 .jpg，不能采用大写 .JPG；

（4）命名：配图应与对应文案存放在同一文件夹内，以文案名首字母缩写 + 序号命名，如：文案名为《龙门石窟. docx》，则对应配图应命名为 lmsk_n. jpg（n 为顺序号）。

6. 配图如必须带有动态效果时，可采用动态 GIF 格式，帧数控制在 2 – 5 帧之间。

三、页面文件制作

加工完成的图文资源 HTML 页面应当可以直接用于新媒体服务平台发布，不同的网站内容管理系统 CMS（Content Management System），其资源的加工方法也不相同。为了使资源适用于不同的 CMS，本规范规定页面文件（包括互联网 HTML 页面、数字电视 HTML 页面、移动平台 XHTML 页面）的制作、加工和使用应遵循统一原则。具体规定如下：

（一）互联网平台 HTML 文件制作

为保证互联网平台中网站页面整体结构整齐严谨，方便加工生成网站内容管理系统模板文件，互联网平台 HTML 文件制作及加工规范包括：

1. 目录和文件的命名和建立

（1）文件目录、文件名称统一用小写英文字母、数字、下划线组合。

（2）文件名全长不多于 26 个字符。

（3）文件使用小写扩展名，如. htm。并且不宜采用. htm 和. html 混用方式，以免在后续模板导入时出现异常。

（4）文件名要与表现的内容相近，尽量不用拼音全拼作为名称，而代之以汉字拼音首字母。

（5）目录结构设计要清晰明白，便于文件的维护和整理。

2. HTML 文件框架结构制作

HTML 文件框架结构制作，也即切图，应遵循：

（1）HTML 文件框架结构应采用 HTML 语言制作，减少 DIV 使用。

（2）HTML 文件框架结构应具有载入自动全屏展开功能，默认写作：

< SCRIPT LANGUAGE = " javascript" >

function winSizer( ) {

windowWidth = window. screen. availWidth；

windowHeight = window. screen. availHeight；

window. moveTo(0,0)；

window. resizeTo(windowWidth, windowHeight)；

}

< / SCRIPT >

上述 javascript 代码应在 < body > 标签中载入：

< body onLoad = " winSizer( )；" >

（3）每个页面都须设置上边距（leftmargin）和左边距（topmargin），数值为 0：

Leftmargin = "0" topmargin = "0" 必须写在 < body > 标签内，不能以 CSS 定义以免产生错位。

（4）HTML 文件框架结构一般在 < body > 标签中建立三行一列的 < table > 标签，三行分别为最终呈现页面的头部、主体和底部；< table > 对齐方式为居中对齐，写作：< table align = " center" >。

（5）同一专题、栏目的＜title＞应保持一致，以便读者浏览。

3. CSS 及 JS 的使用

3.1　可以在保持代码简练基础上使用 CSS 和 JS。

3.2　CSS 样式和 JS 代码可以写在页面内部，也可以进行外部调用。

3.3　CSS 外部调用代码：

＜link type＝"text/css"rel＝"stylesheet"href＝"XXXX"/＞

3.4　JS 外部调用代码：

＜script type＝"text/javascript"src＝"XXXX"＞＜/script＞

3.5　针对同一专题，应定义一个统一的、具有普遍性的 CSS 样式供该专题下所有页面调用，以保证同一专题或栏目页面中字体、链接等样式一致。

3.6　同一专题下不同页面样式发生变化时，可在调用统一 CSS 文件之外，在自身页面内定义并调用所需 CSS，不可在统一 CSS 文件内更改。

4. 文字及图片的使用

4.1　如果图片作为内容放在 HTML 代码里，则必须定义它的宽度和高度。

4.2　如果图片不包含任何信息，仅是作为装饰使用，应当将图片从 HTML 中分离出来。

4.3　检查是否有可能在不损失画质的基础上压缩图片，或者采用不同的文件格式来获得最大程度的压缩。

4.4　尽量使用 css sprite 将一些小图片合成一张大图片，用 background-position 来定位图片。

4.5　如果用到透明背景的图片，则使用 png 格式图片，确保各个主流浏览器的兼容。

4.6　页面背景使用小图循环铺设或利用背景色进行定义，避免使用大尺寸背景图，尤其避免出现背景为整张图片情况。

4.7　同一栏目/专题的文字大小、行高应统一。规定有如下两种使用规范：

标题字号：16，内容字号：12，行高：18—20。

标题字号：18，内容字号：14，行高：22—24。

5. HTML 代码规范

5.1　要建立一个符合标准的页面，必须要有 doctype 声明。

5.2　每个页面最好要有标题、描述、关键字。

5.3　html 代码要求所有的标签必须小写。

5.4　属性值必须使用双引号，以免引发不必要的页面问题。

5.5　所有标签必须要有闭合标签，如＜p＞＜/p＞。

5.6　如果使用 img 或者 br、input 这样的单体标签，那么必须使用空格加斜线为闭合标签，如＜img/＞、＜br/＞、＜input/＞等。

5.7　如果无特殊说明，所有链接必须新开窗口。

5.8　所有的特殊符号编码化。

5.9　可以在主要的区域加上注释，但要尽量减少注释的内容。

5.10　HTML 标签必须合理嵌套。

5.11　保持页面的整洁，尽量减少 HTML 的层次，用最少的代码写出符合标准的页面。

5.12　正确使用 HTML 标签定义页面内容，每一个标签都有自己的语义。如，文字用

span,段落用 p,标题用 h1 - h6,布局用 div 等。

5.13　相同域名下的链接用相对路径。

5.14　注册类页面,注册按钮必须先锁住,等 HTML 加载完成后解锁。

(二)数字电视 HTML 页面制作

基于 HMTL 的数字电视页面是以电视机作为显示终端进行内容呈现,在应用开发以及页面制作方面与传统的互联网页有所区别。本规范规定如下:

1. 页面设计原则

1.1　用户体验

(1)根据观看电视的习惯,页面应尽量在屏幕上完整地显示,避免滚动。

(2)页面的主体和背景的对比度高,整体视觉效果好。

(3)字间距和行间距适中,使用的字体和字号应至少能在 2 米左右的距离,在 4∶3 比率的 21 寸电视机上清晰显示。

(4)讯息呈现强调回馈性,包括视觉回馈和声音回馈。

视觉回馈:一般常见的手法则是瞬间改变色彩变化,使得视觉产生落差。例如采用 Javascript 控制页面元素按下后的图片切换、反色等操作,但同时应避免误用过多的颜色产生炫乱而扰乱了使用者的操作显示。

声音回馈:在遥控器按下按键时,通过语言进行提示。例如采用 Javascript 控制在遥控器按下"上、下、左、右、确定"等按键后会得到相应的语言提示等。

(5)用户使用业务时,始终保持在同一个窗口内进行显示,页面上不应弹出新的提示窗口(例如通过调用 Javascript 的 alert、confirm 方法弹出的确认窗口)。

(6)对于各种出错或异常状态应给予用户一个友好的提示和帮助,并提示用户出错或异常的原因。

(7)为页面制作帮助说明并能让用户很容易找到。务必避免选单太杂,切勿使用太多的隐喻或是难懂的设计隐喻。

1.2　操作逻辑

(1)从业务首页到最后一级页面建议不要超过四级。

(2)在每个页面上设置默认焦点,以便用户能够在页面加载完毕后立即进行业务操作。

(3)页面建议使用单层平面结构,便于用户使用遥控器的"上、下、左、右"键从直觉上进行控制。当单层结构无法表达页面焦点逻辑时,也可以用分层结构。

(4)所有的界面结构要统一,便于用户可以从局部来推断出全局的操作方式。

(5)页面设计中应尽量避免用户进行遥控器输入,而采用选择的方式来完成操作,页面中如果需要用到特殊的遥控器按键,必须在该页面中进行操作说明的提示。

(6)界面设计应该一致地在类似的业务上使用相同的操作方式,以保证在业务呈现和用户体验上的一致性。

2. 页面制作要求

2.1　HTML 文件建立

(1)每个页面都须设置上边距(leftmargin)和左边距(topmargin),数值为 0:Leftmargin = "0" topmargin = "0"。

(2)Leftmargin = "0" topmargin = "0" 必须写在 < body > 标签内,不能以 CSS 定义以免产

生错位。

（3）页面中焦点为文字的，须在页面属性里设置链接颜色，如：text＝"#000000" link＝"#000000" vlink＝"#000000"。

2.2　页面大小

电视页面需要在电视浏览器上居中显示，其分辨率如下：标清页面设计大小为 640×530。高清页面设计大小为 1280×720。

2.3　用户界面

（1）图形及显示区域

- 为使页面获得最佳展示效果，页面显示区域应严格控制在 1180＊670。
- 页面中如有视频显示窗，尺寸需按 16：9 比例设置。

（2）按钮类别及逻辑关系

通常固定于页面下方较为显眼的位置，并按固定顺序排列。

（3）主要按钮类别

- 📺上一页 向上翻页。
- 📺下一页 向下翻页。
- 📺返回 返回上一页操作界面。
- 📺退出 退出到上一级页面。
- 📺主页 进入新媒体应用的交互主页。
- 📺首页 一级应用首页。
- 📺帮助 当前栏目的帮助信息。
- 按钮需按一定顺序排列，通常将翻页键排在最左端，帮助键排在最后，其他按钮按照功能和使用频率由左至右。

注：除主页外，每页需有退出、主页、帮助等按钮，其他按钮酌情增减。

- 其他特殊说明：

各应用可通过"V＋/V－"键选择音量大小，可通过"静音"键设置是否静音。

- 如视频窗口内的有"全屏"按钮，选中 📺返回 后即可观看当前视频全屏播放画面，选择正在观看的全屏视频中的返回当前的操作界面。

（4）按钮排列

- 栏目按钮位置排列：水平对齐的默认方式是左对齐，垂直对齐的默认方式是中间对齐。
- 功能按钮位置排列：水平对齐的默认方式是右对齐。

（5）逻辑关系

- 按钮选择逻辑：默认焦点按钮为从左上方算起的第一位按钮，根据具体排序标准上下左右选择，向其他按钮做选择时以最临近按钮为第一选择顺序。
- 应用首页无须添加"返回"按钮，原因是在首页中操作"返回""主页"键和"首页"键功能相同。
- 在内容多页显示的情况下，除最后一页以外的其他页面，焦点要落在"下一页"上；末页的焦点要落在"上一页"上，如果内容只有一页，焦点落在"返回"上，且页面无"上一页"

"下一页"按钮,使用"P+""P-"快捷键操作无效。

- 所有按钮都应可以用快捷键操作,也可以在选中按钮后进行操作。
- 每个页面进入和交互过程中必须有焦点存在,焦点必须明显(如用亮色边框框出),使浏览者明确自己操作遥控器在屏幕上的目标点,在一定时间内只能有一个焦点。
- 焦点要遵循"记忆定位"原则。例如:当从列表页 A 的"连接1"进入内容页 B 后,点击"返回"按钮,回到列表页 A 时,焦点仍需停留在"连接1"上。

2.4　元素位置

页面元素通过 table、form 等元素的排列不应超过显示要求的宽度及高度,否则页面会出现移动。

2.5　文字的使用

(1)字体及字号

- 字体:黑体。
- 导航字号:标明当前用户所在位置的导航通常位于页面左上部,字号 26px。

标题字号:32－50px。

正文字号:22－24px。

页码字号:24px,显示格式为第 ⌴ X ⌴ 页/共 ⌴ X ⌴ 页(" ⌴ "代表"空格")。

(2)行间距

行间距:45—50px。

如因页面设计需调整行间距,可在文字所在 <td> 标签中内用 CSS 定义,如"lineheight:36px",不可在 <table> 或 <tr> 中定义。

换行应使用
 控制,不使用 <p></p>。

(3)字间距

字间距:默认。

(4)排版标准

标题与正文间应空出适当距离以示区分。

每段开头空两格(全角空格),不可使用 。

每行第一字不能为标点符号。

文字不可嵌套在图片中,需插入文本框单独编辑。

图文混排时应注意插入图片的水平和垂直边距,可通过 CSS 控制:padding-right、padding-left、padding-top、padding-bottom,具体数值根据页面情况灵活设置。

2.6　图片的使用

(1)页面上可引用 BMP、GIF(包括动态 GIF)、JPG、PNG 格式的图片。

(2)放置图片时,图片实际大小尽量跟页面设置的图片排版区域大小保持一致,否则会因图片缩放导致显示性能的降低。

(3)由于动态 GIF 格式的图片通常由多个单帧 GIF 图片组成,需要浏览器一次性载入多个图片,而过多的动态 GIF 图片会影响浏览器性能。为提高页面显示性能,建议同一个页面上动态 GIF 图片个数不要超过 3 个。

(4)一个页面中包含的图片总大小不要超过 1MBytes。

(5)设置 <img> 标签的属性时,不要把高度、宽度设置为 0,因为这样做没有任何意义,而且还会浪费浏览器的资源。

(6)当＜img＞标签中的图片地址不存在或由于图片过大导致下载过长时,直接显示页面背景色,此时无论该图片是否设置边框 border 属性,默认边框均设置为 0px。

2.7 线条的使用

线条的宽度至少为 2 pixels。

2.8 颜色的使用

(1)同一个栏目颜色使用应统一。

(2)交互按钮的颜色应采用与页面背景反差较大颜色,如页面背景为浅色,则交互按钮应使用黑色等深色。

(3)文本链接焦点颜色应与交互按钮颜色一致,同时避免文本焦点颜色与文本颜色冲突。

(4)应注意文本颜色和背景颜色的搭配,以免造成显示闪烁。

2.9 页面代码要求

(1)文本样式

用 CSS 定义文本样式时,应在页面＜head＞标签内进行定义,并在文本所在＜td＞中用 class 属性调用,不可直接在＜td＞中使用＜span＞＜/span＞标签定义。

(2)表格的使用

● ＜table＞大小应控制在页面安全区内(页面安全边距为上下左右各 20px),避免因表格过大产生滚屏现象。

● ＜table＞嵌套不宜多于 3 层,以免影响页面响应速度。

● ＜table＞进行拆分/合并后,须及时设定对应 td 和 table 的长宽,以免显示错位。

(3)DIV 的使用

● DIV 的 style 属性要写在＜div＞标签内,不可外部调用。

● 要控制 DIV 层中元素属性,该层须在页面载入时可见。

● 参考代码:＜div style = "position:absolute; left:0px; top:400px; width:640px; height:480px; visibility:visible;"＞。

(4)CSS 的使用

● CSS 样式尽量写在页面中,不宜外部调用。

● 同一页面内的 CSS 尽量简洁,不宜过多,以免影响页面响应速度。

(5)javascript 的使用

● javascript 可直接写在页面内。

● 如同一栏目下存在多个页面使用同一段 javascript 代码情况,可将该部分 javascript 代码单独保存成 js 文件,并在页面中进行外部调用。

(6)frame 的使用

● 一个页面中不可嵌套两个以上 frame、iframe 页面。

● 为避免页面滚屏,需设置 scrolling = "no" border = "0" frameborder = "0"。

● 嵌套的 iframe 页面中不宜使用 3 张以上图片。

● 嵌套的 iframe 页面应与其父页面存放在同一级目录中。

（7）页面跳转

当需要控制浏览器进行页面跳转时，指向页面的 URL 地址长度最长不超过 2048 字节。

（8）Cookie 的使用

所持的 Cookie 总数为 30 个，在同一个域下尽量避免使用超过 5 个 Cookie。若同一个域中设置的 Cookie 超过 5 个或者 Cookie 总数超过 30 个时，浏览器将自动删除最早的 Cookie。

单个 Cookie 或一次设置的多个 Cookie 的最大尺寸为 4Kbytes。

（三）手机 XHTML 页面制作

1. XHTML 文件建立

1.1 移动手机平台页面加工应遵循 XHTML Mobile Profile 规范，简称为 XHTML，即 WAP.2.0 规范。

1.2 文件扩展名应尽量采用 .xhtml 格式。部分情况下可遵照 WAP2.0 规范标准选用 .htm 格式，但应避免选用 .html 格式。

2. 页面规格

2.1 页面大小

低版本页面不超过 15K，高版本页面不超过 60K。

2.2 页面分辨率

随着市场上智能手机的类型繁杂，一套页面在不同的终端上有着不同的表现形式，因此，在开发应用时，应通过终端适配，识别不同的终端并根据其不同的属性来推送适配的页面。

目前市面上的手机终端主流分辨率为：

安卓：800×480、1280×720

IOS：640×960、1136×640、1024×768

应用应当支持各主流分辨率的适配，否则应该以 800×480 为参考对象。当前手机分辨率超过此分辨率时，网站做居中显示处理，当手机分辨率小于此分辨率则显示简版 wap 页面。

2.3 页面编码

页面字符编码统一采用 UTF－8 编码方式。

3. 表单的使用

3.1 避免使用"disable"属性。

3.2 避免使用"button"标签。

3.3 避免使用"input[type = file]"标签。

3.4 避免使用"iframe"标签。

3.5 可以使用 < div > 进行页面构建。

4. CSS 的使用

4.1 减少在 XHTML 文件中利用 CSS 对字体样式（如"font-family"等）进行定义，因为大部分手机中文字体只默认安装宋体。

4.2 "font-family：bold；""font-style：italic；"：对中文字符无效，对英文字符有效；避免使用"position""overflow""display""min-height"和"min-weidth"等属性。

4.3　避免在 CSS 定义中出现空置属性,以免手机报错。

5. 文字的使用

5.1　标题字数:28 个字符(14 个汉字)以内。

5.2　字号:14px。

5.3　字间距:默认。

5.4　文本缩进:无。

5.5　行间距:默认。

5.6　页面中所有的文字都应使用中文简体字,以下情况可除外:

(1)已经为大家所接受,理解上不存在疑难或歧义的外文,如:OK,TAXI 等。

专有名词,如外国人的姓名、国外公司的名称、商标等,难以翻译或翻译后对理解反而造成困难的外文。

(2)专门的外文栏目,如:English Club。

其他经移动运营商认可的英文字符。

5.7　慎用以下词语:

(1)退出(Exit),避免用户会理解成退出浏览器。

(2)主页(Home),避免用户会理解成浏览器主页。

(3)书签(Bookmark),避免用户混淆为手机书签。

6. 图片的使用

(1)图片格式:.jpg,避免使用.png 格式图片(包括 png8 和 png24)。

(2)图片应避免使用大面积色彩过渡。

(3)页面中需定义图片文字说明,供用户下载图片时预览。

7. 翻页及返回链接的使用

(1)内容需要翻页显示的,必须提供下一页及上一页链接,且下一页须在上一页的链接左侧显示。

(2)凡内容超过 3 页,须提供"第几页/共几页"的文字提示。

(3)所有页面须提供返回链接。出错页面同时应给出简洁、友好的错误原因说明或者提示信息,指导用户进行正确操作,出错页面的返回链接,应恢复到用户前次正常操作页面。

第四节　视频资源加工规范

针对不同服务平台,图书馆新媒体视频资源包括移动流媒体视频、标清视频和高清视频 3 种,具体加工规范包括:

(一)移动流媒体视频加工规范

图书馆新媒体服务所涉及移动流媒体视频资源是指画面宽高比为 4:3,分辨率为 320×240 的视频内容。具体标准如下:

1. 视频压缩标准:H.264。

2. 视频分辨率:320×240。

3. 视频速率:300Kpbs。

4. 帧率:25fps。

5. 音频压缩标准:MPEG - 4AAC。

6. 音频速率:128Kbps。

7. 音频采样率:立体声44.1Khz。

8. 采样格式:4：2：0。

9. 视频格式:3GP。

10. 字幕:有字幕,且全场字幕无错字,字幕与画面、声音同步率100%。

(二)标清视频加工规范

图书馆新媒体服务所涉及标清视频资源是指画面宽高比为4：3,分辨率为720×576的视频内容。依据编码格式不同,标清视频资源包括 TS 封装格式和 MPEG 格式两种。具体标准如下:

1. TS 封装标清视频加工参数

1.1　码率:CBR(固定码率)。

1.2　总码率:CBR:2.5Mbps。

1.3　分辨率:720×576。

1.4　帧率:25fps。

1.5　视频码率:CBR:2.214 - 2.278Mbps。

1.6　音频编码方式1:MPEG1 Layer - 2

采样率:48KHz

声道数:2

码率:192 - 256Kbps。

1.7　音频编码方式2:Dolby Digital Plus(E-AC3)

采样率:48KHz

声道数:2

码率:96Kbps。

1.8　字幕:有字幕,且全场字幕无错字,字幕与画面、声音同步率100%。

1.9　如对原始视频进行精加工,则编辑所用素材(包括用以详细说明原片所述主题内容的新增视频、图片、动画、解说文字或其他素材)应与原始视频有关联性,无知识性错误;语句通顺,无语法错误;解说读音正确;解说与画面展现和切换进程统一;且用于对原始视频进行加工的素材时长,不得少于加工后成品时长的30%。

2. MPEG 标清视频加工参数

2.1　分辨率:720×576。

2.2　帧率:25 - 30fps。

2.3　视频码率:不低于6Mbps。

2.4　音频编码方式:MPEG1 Layer - 2。

2.5　音频采样率:48KHz。

2.6　音频码率:不低于224kbps。

2.7　声道数:2。

2.8　字幕:有字幕,且全场字幕无错字,字幕与画面、声音同步率100%。

2.9　如对原始视频进行精加工,则编辑所用素材(包括用以详细说明原片所述主题内容的新增视频、图片、动画、解说文字或其他素材)应与原始视频有关联性,无知识性错误;语句通顺,无语法错误;解说读音正确;解说与画面展现和切换进程统一;且用于对原始视频进行加工的素材时长,不得少于加工后成品时长的30%。

（三）高清视频加工规范

图书馆新媒体服务中的高清视频资源是指画面宽高比为16∶9,分辨率为1920×1060的视频内容。

依据编码格式不同,高清视频资源包括 TS 封装格式和 MPEG 标准两种,具体加工标准如下:

1. TS 封装高清视频加工参数

1.1　码率:CBR(固定码率)。

1.2　总码率:CBR:10Mbps。

1.3　分辨率:1920×1080。

1.4　帧率:25fps。

1.5　视频码率:CBR:9.522 或 9.746Mbps。

1.6　音频编码方式 1:Dolby Digital

采样率:48KHz

声道数:6

码率:448Kbps。

1.7　音频编码方式 2:Dolby Digital Plus(E-AC3)

采样率:48KHz

声道数:6

码率:224Kbps。

1.8　字幕:有字幕,且全场字幕无错字,字幕与画面、声音同步率100%。

1.9　如对原始视频进行精加工,则编辑所用素材(包括用以详细说明原片所述主题内容的新增视频、图片、动画、解说文字或其他素材)应与原始视频有关联性,无知识性错误;语句通顺,无语法错误;解说读音正确;解说与画面展现和切换进程统一;且用于对原始视频进行加工的素材时长,不得少于加工后成品时长的30%。

2. MPEG 高清视频加工参数

2.1　分辨率:1920×1080。

2.2　帧数:25－30fps。

2.3　视频速率:不低于8Mbps。

2.4　音频速率:不低于384kbps。

2.5　音频采样:立体声,48khz。

2.6　文件格式:MPEG,文件大小不低于500M。

2.7　字幕:有字幕,且全场字幕无错字,字幕与画面、声音同步率100%。

2.8　如对原始视频进行精加工,则编辑所用素材(包括用以详细说明原片所述主题内容的新增视频、图片、动画、解说文字或其他素材)应与原始视频有关联性,无知识性错误;语句通顺,无语法错误;解说读音正确;解说与画面展现和切换进程统一;且用于对原始视频进行加工的素材时长,不得少于加工后成品时长的30%。

(四)视频化资源加工规范

图书馆新媒体服务中的视频化资源是指用多媒体方式将图书馆馆藏实体资源进行视频化加工,最终以视频形式加以展示的资源,视频化加工各环节及具体加工标准如下:

1. 讲解文案撰写

讲解文案是视频化资源素材采集、配音制作及字幕添加的依据,在撰写过程中应注意:

1.1 语句简练易懂、能够准确地表达文意。全文无易引发歧义的语句或词语,尽量减少或不使用拗口难懂的复杂句式或修辞。

1.2 结构鲜明。能够分节分段阐释所讲解对象,给广大观众以清晰的结构感和层次感。由浅入深、由表及里地阐述相关方面的知识。

1.3 具有较强的知识性。文案要对讲解对象进行全面细致的介绍,不漏掉讲解对象本身具有的每一处细节。知识内容不仅是针对讲解对象,而且要介绍讲解对象的周边知识。如,在为一幅书画撰写讲解文字稿时,就应有对该幅作品的作者、年代、相关历史知识的介绍。要做到知识性与文学性相结合。

2. 分镜头脚本撰写

分镜头脚本的撰写必须做到贴合主题、结构鲜明、介绍明确、内容丰富。

2.1 贴合主题

撰写分镜头脚本时要做到时时以贴合主题为宗旨。镜头画面内容应围绕主题,避免偏题跑题的现象。当遇到发散性知识时,应在讲解文稿所提及的范围内制作视频内容。

2.2 结构鲜明

撰写分镜头脚本时应严格按照讲解文稿的层次安排画面内容或音频的出现顺序。要做到环环相扣,但又相对独立。使观众可以明确感觉到每一层的知识内容,但又在一条主线上。

2.3 介绍明确

分镜头脚本必须用最明确的语言写清表明视频的制作内容。如,镜头切换方式顺序、音频切换方式、画面情况等。避免含糊其辞。

2.4 内容丰富

分镜头脚本应做到内容丰富。尽量多的为观众呈现大量的信息内容。但必须注意所展示的知识不可有误。如配音、配图,均必须在考证后方可使用。

3. 视频化资源加工标准

根据不同发布平台需要,图书馆新媒体服务的视频化资源应同时提供标清版 MPEG 和高清版 MPEG 文件各一份。

第六章 展望

信息时代,图书馆作为公众文化产品的提供者,在积极地走向数字化道路的过程中,必须对传播方式的改变保持清醒的认识,以科学的新媒体思维重新审视自己的服务理念与服务方式,并随时代的变化不断地做出调整。

一、新媒体技术给图书馆带来的变化

新媒体信息技术的发展使图书馆各项工作都面临冲击和变革。新媒体带给图书馆的影响主要包括:

（一）资源建设方面

传统图书馆实行的是以纸质为主的文献资源建设思想,重藏轻用。但是,信息的快速增长和存在形态的多样化,要求图书馆在资源建设上要逐步融入以数字信息技术为核心的新媒体存储格局。

在新媒体时代,各种非印刷型载体的信息资源在图书馆馆藏体系中所占的比重越来越大,视听文献、电子文献资源,甚至网络信息资源逐渐成为图书馆馆藏资源的重要组成部分。实体馆藏、虚拟馆藏共同成为图书馆资源建设的对象,共同成为图书馆为读者服务的重要手段。面对多元化的文献信息传播渠道和多元化文献信息需求,图书馆必须建设好多元化的文献信息资源体系。

新媒体时代的到来将伴随着服务方式的变化,图书一方面以传统方式进行纸质图书服务;另一方面以数字图书的形式通过互联网、手机、手持阅读器等终端数字设备进行同步服务。如今,很多大众文学作品,过去只有纸质图书版可供读者利用,现在既可以阅读传统图书,也可以阅读电子图书(电子图书也有 txt、word、pdf 等多种格式),也可以收听音频版的,还有视频版的可以利用,这就让读者的选择多了起来。相对纸质文献,电子图书等数字资源、网络信息资源在采购上更加方便快捷,缩短了从采购到读者使用的时间,大大减少了中间环节,这些变化,都对图书馆资源建设产生极大的影响。图书馆在资源的配置上,电子出版物的采购、馆藏文献的数字化、特色数据库的建设、网络资源建设 4 个方面的费用在图书馆经费中的比重越来越大,在新媒体技术服务的带动下,图书馆数字资源的整合在加强,数字资源使用率将越来越高。

（二）读者服务方面

传统图书馆以到馆读者服务为主要目标,采用的是面对面的服务方式。目前多形态的信息传播和获取方式,使读者不再满足于单一的实体服务,要求服务形式上呈现三维空间效果,使其能置身各种不同形式信息的包围之中,全方位感受和体验服务成果。

在阅读方式上面,新媒体时代的读者阅读正在以整体化阅读的方式引领着整个时代的变动和走向①。新媒体自身的丰富性,加上读者的参与,就使得分散的、零碎的、原子化的东

---

① 海胜利.新媒体时代的大众阅读与公共图书馆对策[J].图书馆工作与研究,2010(12).

西被整合在一起,呈现给读者。新媒体时代的阅读很注重技术的组合,它的声、色、图、影的效果是其他的阅读无法相比的。新媒体时代的阅读将文本、声音、图像、动画和视频技术融为一体,能向读者展示各种生动、具体、形象、逼真的信息。新媒体阅读实际上已成为一种多媒体的互动的立体化阅读,读者真正成了阅读的中心,读者的主动性、选择性及对作品形成和修正的参与性,成为阅读服务的新特点。这种整体化阅读也给图书馆的服务带来新的影响,图书馆应掌握新媒体阅读的特点和技术,帮助读者进行信息检索、信息搜集、信息发布,利用超文本链接,使全球的网上图书馆、网上报纸杂志、网上书店、网上数据库、信息资料、资料中心等链接成庞大的多媒体信息库,供读者按感兴趣的路径或线索来进行阅读。

在读者服务理念上面,构建人性化服务正在成为目标导向。图书馆的读者服务是由信息、技术、设备、环境、组织和用户共同构成的动态系统[1]。而"读者用户"则位于此系统的中心位置,"以用户为中心"在新媒体信息服务中得以充分体现。新媒体技术服务强调用户参与、人机互动和人性化服务,注重用户体验,并把这一理念贯穿于读者服务系统的开发之中,使其服务更加智能化、人性化、"傻瓜化"。新媒体技术服务使用的传统数据、共享数据库、特色知识库是基于用户自身的个性化需求而设计的,并能利用智能技术及时把信息推送给用户,使用户快速获得聚合式服务。读者利用新媒体技术服务系统,可以自行将信息进行筛选、匹配、重组,得到按需获取信息、即时获取信息、准备获取信息的全新服务。

（三）平台建设方面

在数字图书馆起步阶段,各个图书馆纷纷搭建属于自己的电子阅览室,进行本地化的系统建设和平台服务,服务方式较为单一。但是,新媒体技术的变革必然影响服务平台的建设,主要表现在如下几个方面:

首先,新媒体时代要求数字图书馆采用统一标准和开放协议,使其能够通过各种媒体终端提供服务。同时实现对分布式异构资源库的无缝链接,进而实现不同数字图书馆系统之间的用户双向认证和资源双向访问,实现信息资源的跨平台同步发布。

其次,传统的图书馆服务平台侧重信息服务,它以向读者提供纸质文本的图书信息为主要服务内容,而在新媒体时代,信息渗透到人们日常生活的方方面面,信息资源丰富,人们接触的信息庞杂。在这种态势下,图书馆的服务应当从单纯的信息服务层次转向为更高的层次,即应更加重视知识的服务,即要从众多纷繁复杂的信息中,提取有价值的知识,为客户提供有针对性的知识服务,知识服务平台的建设将逐渐成为今后图书馆服务平台工作的重心。

再次,传统的图书馆知识信息传播是通过图书馆的检索室、阅览室进行的,在新媒体时代,由于快捷、丰富的信息对人们产生了重要影响,使得人们对信息的需求提高。在这个信息背景下,要求图书馆将知识信息服务的平台进行有效的扩展,改变单一的物理空间传播,而转向新媒体方式的传播平台,将图书馆的知识信息通过各种媒体、各种传播形式传递,为受众提供更加满意的服务。

最后,传统的图书馆信息服务平台是单向的,是由图书馆向读者进行的知识信息传递,这种传递是在读者的需求下进行的。在新媒体时代,读者将及时通过各种媒体方便地反馈使用知识信息,因此,在新媒体背景下,图书馆将需要充分构建起与读者互动的新媒体平台,积极收集读者使用知识的信息,了解他们的使用意见、建议,提高为读者服务的针对性。

---

① 张芳宁.新媒体视角下图书馆的信息服务[J].新世纪图书馆,2011(8).

（四）图书馆管理方面

传统图书馆各项业务相对独立，管理也相对分散，在新媒体技术的推动下，图书馆的资源建设、读者服务和平台建设都发生了改变，相应地，管理模式和管理手段也应随之发展，更加侧重对多种资源的整合管理，并加强多种类型资源、多种服务方式的统筹发展。

基于新媒体技术的图书馆管理服务，将以数字化信息馆藏为主要服务产品。通过新媒体技术服务系统将电子书、数字报和各种专业信息网络服务提供给客户，满足客户的数字化服务需求，让人们可以体验形式多变的信息获取感受。

新媒体技术的图书馆管理也将实现图书馆服务的后台化转变。一方面，基于新媒体技术的图书馆管理，将通过各种新的智能系统的引进，实现图书馆服务的自动化。如电子数据库系统实现了馆藏索引的自动化，文字识别系统实现了纸质信息和电子信息的互换，因特网实现了网际资源的互换和交流。服务自动化不仅仅提升了图书馆的整体服务水平，同时也大大减少了图书馆的服务人员，并且使服务人员由前台服务转向了后台服务。另一方面，基于新媒体技术的图书馆管理将通过后台化服务，实现"以人为本""个性化"的服务需求。服务人员通过各种资源的整合和服务水平的提升，图书馆的服务功能将向系统化、多元化的方向发展①，读者在图书馆不仅能够享受到传统图书馆的全部功能，还能实现预约服务、自助服务、专业化建议、个性化服务，等等。通过各种多元化服务的提供和完善，不断提升现代图书馆的服务水平，真正成为现代社会的咨询服务中心。

二、积极应对新媒体技术带来的挑战

在信息时代的宏观大背景下，我国图书馆所处的信息环境迅速出现"E"化，传统的以纸本资源为主、提供到馆服务的模式已不能满足社会和民众的需求。公共图书馆的职能是为大众提供阅读的内容以及阅读的环境，在新媒体时代，公共图书馆要想更好地履行其职能，必须重新认识和分析环境，充分重视新技术变革带来的机遇与挑战，转变角色定位、提高技术水平、创新服务方式、满足用户需求。

（一）资源的集成与复用

为满足新媒体时代用户需求的变化，在文献资源建设上应加大图书馆文献资源建设在电子阅读中的比重，调整馆藏资源的结构和比例，加大符合手机、电视、手持设备等新型终端格式的电子数据。建立统一的数字资源加工平台，实现已有数字资源例如拓片、舆图、甲骨、古籍、家谱、电子图书、电子连续性资源、学位论文、期刊论文、网络资源、音频、视频、图像等多种类型元数据（描述型元数据、管理型元数据、结构型元数据等）的加工处理，并建立各种类型元数据的关联；建立数字资源元数据和对象数据的关联。为数字资源的检索、发布与服务、长期保存提供基础数据。对多种分散环境下产生的各种资源类型进行统一集成化管理，有效组织和整合各种描述型、管理型和结构型元数据，准确关联并集中管理数字对象的保管信息。合理规划资源加工任务，及时发现分散环境下产生的数据问题，并对数据状态进行跟踪管理，在保证资源安全的同时，避免资源重复建设，实现资源多渠道复用。

（二）建立统一的技术标准及规范

技术标准和规范作为数字图书馆建设的基础，是资源开发利用与共建共享的基本保障，

① 李高峰.国外图书馆多元文化服务：理念、实践与模式[J].图书馆建设,2009(11).

是保证数字图书馆的资源和服务在整个数字信息环境中可利用、可互操作和可持续发展的基础①。随着新媒体技术和信息资源的不断发展和丰富,在不同系统间进行数字资源与服务共享的需求日益强烈,相关技术标准和规范的制定和实施势在必行。

数字图书馆采用的统一标准和开放协议,使其服务能够呈现在多种媒介终端上。同时,数字图书馆平台具有高度的共享性,实现不同数字图书馆系统之间的用户双向认证和资源双向访问,其共享的深度和广度是传统图书馆无法比拟的。新媒体服务还强调对信息资源的同一发布,通过同一平台实现一次性无缝采集所有形式的信息资源,打造一条包括信息采集、信息加工、信息发布、信息储存、信息多次发布等环节的信息服务链条,实现将同一内容信息同时发布在不同媒体上。从时间维度上看,新媒体强调同步,从空间维度上看,它意味着同一信息在不同载体上的呈现。图书馆将数字电视平台、智能移动终端平台与网站平台整合而成的多平台的综合性数字图书馆,信息内容在同一时间可以分别通过各个终端获取,甚至可以在几个终端间进行切换获取。

(三)加大技术研发

技术是推进社会和经济发展的工具。事实上,图书馆的每次飞跃无一例外都与技术的发展密切相关。计算机网络技术的发展,使图书馆沿用了几百年的卡片目录变为机读目录,实现了计算机网络化管理;因特网和数字技术的发展促进了图书馆馆藏的数字化、服务的网络化,人们足不出户就可以获取图书馆丰富的馆藏资源;新媒体给图书馆带来了信息的多样化与信息传播的多渠道,读者阅读行为和阅读习惯的巨大转变也促使图书馆使用更加多元的技术和手段迎合社会需求。

首先,研究全新的业务展现形式与传统图书馆业务的技术适配问题。分析哪些图书馆业务可以通过新媒体形式提供服务,并设计出相应业务的表现形态,以及如何与现有系统进行匹配结合。这样可以在现有的技术条件下,最大化地发掘资源的使用价值,节省硬软件支出。

其次,研究新媒体技术发展趋势,探索并丰富数字图书馆新媒体服务手段。目前,移动服务、电视图书馆和触摸屏服务已成为国家图书馆新媒体服务的主流业务②,受到了读者的广泛欢迎。未来还需继续对已有的技术进行升级,并探索新的技术手段为更高质量的新媒体服务提供支持。

最后,需要研究多媒体终端的数字内容检索技术。检索是图书馆最核心的服务内容。在多终端上进行信息检索,由于受限于其操作方式的制约,最好是只通过简单的按键操作,就可以精准检索到读者需要的内容。这种需求,对拥有海量数字资源的图书馆服务来说面临着挑战,我们需要通过研究一种简便的分类体系,结合适当的终端展示技术,以及数字资源的关键元数据信息,设计出一种较为简便的输入检索分类技术,以满足新媒体服务终端变换的需要。

(四)完善知识性服务手段

越来越多的读者对数字图书馆服务提出了更高的要求,不仅要求我们提供的资源多样化,形式多样化,还要求提供的内容必须是经过知识组织和加工的,这也是图书馆有别于门

① 魏大威.数字图书馆理论与实务[M].北京:国家图书馆出版社,2012.
② 国家图书馆专题频道[EB/OL].[2015-09-21].http://www.nlc.gov.cn/index_zt_3339.htm.

户网站和搜索引擎的重要功能。

加大对电子数据的整合和发布力度,对内容进行深度分析,甚至形成图表的示例和横向纵向对比,提供不同于搜索引擎的知识性揭示。实现数字资源的 7×24 小时开放,通过传统手段、新媒体方式以及未来产生的可用于知识传播的多种渠道和平台,提供新型、立体化的图书馆服务,实现公平获取公共文化资源。

图书馆将拥有一个新的开放式信息采集、分析和服务体系,可以不断吸引专业信息或专业服务来分享价值链。让不同网络、不同设备、不同服务在任何时间、任何地点、对于任何人都保持高度连接性,为用户提供个性化、智能化、知识聚合化的新媒体服务。

(五)重视用户培养

信息化时代,人们的生活、学习、工作等日常活动都或多或少涉及信息的获取,随着图书馆数字化进程的不断深入开展,数字图书馆成为人们获取信息资源的重要渠道。如何使用数字图书馆,利用新媒体技术发现知识、获取知识,充分发掘数字图书馆的资源,也成为每一个用户需要掌握的基本技能。因此,各级数字图书馆应通过微博、宣传片、专题讲座、展览、用户手册、使用指南、多媒体课件等多种方式对数字图书馆的功能应用、技术操作进行宣传推广和普及教育,并保证各新媒体终端上的资源内容能够及时地动态更新,以保持用户的新鲜感,调动用户的求知欲,维持稳定的用户群体。

针对数字图书馆新媒体技术服务的用户培养是将潜在用户变为现实用户、现实用户变为忠诚用户的有效手段,也是数字图书馆新媒体技术服务良性发展的前提。只有通过多渠道的用户培养才能在图书馆和用户之间建立起长期稳定的关系并促进图书馆服务范围和方式的进一步拓展。同时借力于新媒体技术服务的图书馆的用户体验也影响和决定着图书馆未来的发展方向。

(六)加强版权保护

数字图书馆主要是通过数字电视、手机、互联网、大型触摸屏等新媒体终端向社会公众提供资源服务,因此,有效调节解决由于新技术的出现带来的版权保护与信息传播服务之间的矛盾冲突成为图书馆界应该关注的重要问题。

图书馆通过新媒体技术合法地传播作品,主要涉及作品著作权中的信息网络传播权,即以有线或者无线方式向公众提供作品,使公众可以在其个人选定的时间和地点获得作品的权利[①]。由于图书馆是公益机构,通过信息网络向用户传播作品并不是以营利为目的,所以可以充分根据《著作权法》和《信息网络传播权保护条例》的相关规定开展服务,具体方式包括:

积极甄别公有领域作品。公有领域即根据我国著作权法的规定,受著作权保护期间之外的作品在法律上的状态[②]。除古籍显然已经进入公有领域外,图书馆可以对现当代作品进行全面甄别,查证权利保护期届满的作品,即进入公有领域的作品进行信息网络传播。然而不同类型作品的权利保护期不同,需要依法分析是否进入公有领域。例如:公民的作品权利保护期为作者终生及其死亡后 50 年;法人或其他组织作品、摄影作品、电影作品的权利保护期为 50 年。

---

① 全国人民代表大会常务委员会. 中华人民共和国著作权法,2010:第十条(十二).
② 5141 课题组. 知识产权法学词典(第二版)[M]. 北京:北京大学出版社,2008.

　　充分利用合理使用条款。合理使用即根据《著作权法》的规定,以一定方式使用作品可以不经著作权人的同意,也不向其支付报酬①。图书馆可以按照合理使用的方式通过新媒体向用户传播作品,例如:通过信息网络可以为科学研究,向少数教学、科研人员提供少量已经发表的作品;通过信息网络向本馆馆舍内服务对象提供本馆收藏的合法出版的数字作品和依法为陈列或者保存版本的需要将已经损毁或者濒临损毁、丢失或者失窃,或者其存储格式已经过时,并且在市场上无法购买或者只能以明显高于标定的价格购买的作品,以数字化形式复制的作品;通过读屏软件以盲人能够感知的独特方式向盲人提供已经发表的文字作品等。

　　充分利用法定许可条款。法定许可即根据《著作权法》的规定,可以不经著作权人同意而使用其已发表的作品,但需要向其支付报酬②。图书馆可以按照法定的方式通过新媒体先向用户传播作品,再向权利人支付报酬。例如:通过公告拟提供的作品及其作者、拟支付报酬的标准,若著作权权利人无异议则可以为扶助贫困,通过信息网络向农村地区的公众免费提供中国公民、法人或者其他组织已经发表的种植养殖、防病治病、防灾减灾等与扶助贫困有关的作品和适应基本文化需求的作品。

　　积极获取授权。除上述情况之外,对于仍处于权利保护期内的作品,图书馆需要征得著作权人许可使用授权后再进行信息网络传播。例如:开展面向社会有偿征集数字版权的项目;直接与著作权人一对一的签约授权;开展数字版权的无偿捐赠活动;与著作权集体管理组织合作批量获取著作权人授权等。

---

　　①② 李明德,许超. 著作权法[M]. 北京:法律出版社,2003.

第七章　结语

新媒体作为一个发展的概念,永远都不会终结在某个现存的媒体形态之上,微博、网站、电纸书、数字电视和 IPTV 等新媒体形态不断推陈出新、日益丰富。由中国社会科学院新闻与传播研究所编辑出版的《中国新媒体发展报告》统计,中国的互联网网民超过 5 亿人,占全球互联网网民的 22.5%,手机用户已突破 10 亿人,约占全球手机用户的 18%,中国成为名副其实的全球新媒体用户第一大国。

党的十八大在谈到"提高我国文化整体实力和竞争力"时指出:要"促进文化和科技融合,发展新型文化业态,提高文化产业规模化、集约化、专业化水平。构建和发展现代传播体系,提高传播能力"。图书馆应该积极利用新媒体服务手段发挥公共文化服务职能,借助三网融合的有效平台,在新媒体技术的引领下,创新服务方式,拓展服务领域,增强服务能力,构建一个用户需求主导,用户体验先行的全方位、立体化的公共文化服务体系,实现"泛在图书馆"的基本理念和初步构想。

针对新媒体技术环境下,公共图书馆面临的用户需求多样化、个性化,服务渠道多元化、立体化,信息资源海量化、数字化的新形势,梳理汇总国内外公共图书馆在新媒体技术的冲击下所做出的有力尝试,深入分析新媒体时代大众阅读的趋势,针对不同人群获取信息的独特习惯和需求,结合图书馆实际和媒介终端的特点,找到图书馆常规服务和新媒体技术的完美契合点,同时在现有新媒体服务应用的基础上,寻求深化与完善的途径,并以双向交互式电视图书馆服务为例分析其技术实现,形成行业技术规范,实现多种新媒体技术标准的转换与数据的共享,从而完善图书馆公共文化服务网络,发挥各类信息网络设施的文化传播作用,实现面向广泛群体的个性化服务,为图书馆的纵深发展、完善数字图书馆建设、提高社会先进文化的辐射力和影响力提供了扎实的理论基础和良好的环境条件。

数字图书馆的新媒体技术服务研究,有利于建立以国家图书馆为龙头,公共图书馆服务为主体,惠及全国两千多个县级图书馆的公共文化内容服务体系;有利于提升我国文化传播服务水平,丰富边远地区人民群众的文化生活,巩固正面文化传播阵地;有利于形成完备的行业制度和体系规范,建立开放的技术体系,包容公共服务、商业服务、个性化服务;有利于提高图书馆的社会地位和公众对图书馆的认可度,开创图书馆服务新业态,促进文化科技进步和文化创新,带动文化创意产业的发展。

虽然本课题的研究工作已接近尾声,但是新媒体技术仍在不断地发展演进,这也就决定了我们关于数字图书馆新媒体技术服务的研究工作依然任务艰巨。作为图书馆人,我们会不辱使命,潜心研究,积极探索,力求突破,承担起弘扬社会主义优秀文化和传承现代文明的光荣职责,为社会主义先进文化的发展贡献自己的力量。

参考文献

［1］《数字平面内容支撑技术平台》技术报告［R］.国家图书馆等,2008.12.

［2］洪光宗.数字电视——图书馆服务拓展新平台［J］.新世纪图书馆,2008(2).

［3］夏年军.数字电视对数字图书馆建设的影响［J］.图书馆论坛,2006(3).

［4］王健全,孔祥华,张忠平.三网融合发展的探讨［J］.当代通信,2006(14).

［5］孙一钢,魏大威.数字图书馆的新媒体服务［J］.国家图书馆学刊,2008(1).

［6］毕晓梅.国外新媒体研究溯源［J］.国外社会科学,2011(3).

［7］周笑.新媒体产业格局及发展趋势解析［J］.电视研究,2011(1).

［8］周笑.美国新媒体产业最新发展趋势研究［J］.电视研究.2011(6).

［9］谢艳斌.充满变数的美国数字电视经济［J］.现代传播,2007(1).

［10］李小兰.美国数字电视的发展［J］.现代电影技术,2007(1).

［11］柯妍,唐晓芬.欧洲新媒体产业发展和规制变化［J］.中国记者,2008(5).

［12］李志坚.英国:地面数字电视真相［J］.中国数字电视,2008(7).

［13］黄慕雄,向熠.交互式数字教育电视节目的设计和应用［J］.电化教育研究,2010(2).

［14］范并思,胡小菁.图书馆2.0:构建新的图书馆服务［J］.大学图书馆学报,2006(1).

［15］陈向东.基于Web 2.0的网络教育资源建设［J］.中国教育信息化,2007(7).

［16］刘炜,葛秋妍.从Web 2.0到图书馆2.0:服务因用户而变［J］.现代图书情报技术,2006(9).

［17］胡小菁.论新一代OPAC的理念与实践［J］.中国图书馆学报,2006(5).

［18］毛力.学术数据库与普及型搜索引擎的合作研究［J］.现代图书情报技术,2006(9).

［19］图书馆2.0工作室.图书馆2.0:升级你的服务［M］.北京:北京图书馆出版社(今国家图书馆出版社),2008.

［20］王洪娟.数字图书馆服务特点分析与启示［J］.赤峰学院学报,2007(8).

［21］夏年军.基于数字图书馆的服务模式研究［J］.图书馆论坛,2004(3).

［22］李力.数字图书馆:美国的建设与启示［J］.现代情报,2005(1).

［23］孙承鉴,申晓娟,刘刚.我国数字图书馆发展十年回顾——综述［J］.数字图书馆论坛,2006(1).

［24］中共中央党校数字图书馆简介［EB/OL］.［2007 – 04 – 04］.http://www.ccps.gov.cn/xxhjs.php? col = 45&file = 2285.

［25］王琳,杨波,高艳丽.Web 2.0互联网应用技术研究［J］.中兴通讯技术,2008,14(5).

［26］陈永平.基于数字环境下用户需求与行为分析的图书馆服务导向［J］.图书馆论坛,2009(1).

［27］何茵.数字图书馆用户信息需求特点与信息服务［J］.中华医学图书情报杂志,2008(1).

［28］于晗.基于数字技术的电视新媒体转型［J］.今传媒,2011(1).

［29］张佩珍.电纸书的发展与图书馆服务的创新［J］.图书馆学刊,2011(1).

［30］申晓娟.数字图书馆建设模式比较研究［D］.武汉:武汉大学,2005(5).

［31］李伟超,王兰敬.美国数字图书馆项目建设回顾［J］.国外图书馆,2000(3).

［32］俞菲,徐敏刚.美国数字图书馆启动计划概述［J］.情报科学,2000(2).

［33］佐藤毅彦.国立国会图书馆的数字存档系统与门户.第27次中日图书馆业务交流,2007.11.

［34］王渊,牛淑会.日本数字图书馆的项目与特点［J］.现代情报,2004(8).

［35］汪水.日本的数字图书馆建设与发展［J］.情报理论与实践,1998(5).

［36］韩伟.日本地面数字电视与CATV面临的课题［J］.有线电视技术,2005(3).

［37］韩伟.日本地面数字电视广播现状与未来展望［J］.有线电视技术,2010(1).

［38］何怀.关于数字图书馆发展过程中的服务工作［J］.苏州大学学报(工科版),2005,12.

［39］孔为民.信息检索技术的新趋势［J］.农业图书情报学刊,2009(3).

［40］李春明,张炜,陈月婷.国家数字图书馆服务及未来发展［J］.数字图书馆论坛,2008(8).

［41］汪水.日本的数字图书馆建设与发展［J］.情报理论与实践,1998(5).

［42］潘卫.数字图书馆研究:现状、问题与方向［EB/OL］.［2008 – 01 – 16］.http://cio.ccw.com.cn/htm2005/20050116_18MJK.asp.

［43］2006—2007 年中国 Web 2.0 技术应用模式研究年度报告［EB/OL］.http://it.ocn.com.cn/20075/1200753365.html.

［44］王伟军,孙晶.Web 2.0 的研究与应用综述［J］.情报科学,2007,25(12).

［45］soa.Mashups:Web 应用程序新成员［EB/OL］.http://space.itpub.net/？uid-14780828-action-viewspace-itemid-497729.

［46］赵洪波,蔡强.日本数字图书馆的发展［J］.现代日本经济,2006(4).

［47］和中幹雄.国立国会图书馆电子图书馆事业的新方向.第 27 次中日图书馆业务交流,2007.11.

［48］朱庆华.日本数字图书馆的研究与开发［J］.江苏图书馆学报,2000(2).

［49］黄晓斌,朱俊卿.数字图书馆用户的心理研究［J］.图书馆学研究,2006(1).

［50］周海英.论新媒体的产生及发展趋势［J］.东南传播,2009(5).

［51］高墅.触摸屏技术在图书馆的应用［J］.内蒙古科技与经济,2007(6).

［52］冯红娟,冷熠,梁蕙玮等.电子报纸管理探讨——以国家图书馆为例［J］.图书馆建设,2010(10).

［53］赵凤梅.新媒体技术时代大学生阅读学习行为变化与图书馆应对策略浅析［J］.内蒙古科技与经济,2011(20).

［54］2010 年数字电视行业风险分析报告［OL］.［2012 – 01 – 29］.http://doc.mbalib.com/view/cb210208b0528f1fe020eaa686388186.html.

［55］韩永青.国外信息用户研究进展［J］.情报科学,2008(7).

［56］尹韵公.中国新媒体发展报告［M］.北京:科学出版社,2011.

［57］诺达咨询:2010 年中国手机阅读市场开始进入成熟期,2010 年 9 月 26 日.

［58］王伟军,孙晶.Web 2.0 的研究与应用综述［J］.情报科学,2007,25(12).

［59］冯洁.“三网融合”打造华数模式［J］.浙江经济,2010(9).

［60］伍桦.杭州青岛大连数字电视的现状及前景［J］.法制与经济,2006(1).

［61］上海图书馆学会.RSS 技术在图书馆中的应用［EB/OL］.http://www.dlresearch.cn/download/SLAWhitePaper – RSS.pdf.

［62］赵闯.我国省级公共图书馆网站建设调查与评价［D］.吉林:东北师范大学,2007.

［63］刘闯.WAP 技术研究［J］.辽宁工学院学报,2005(6).

［64］任立刚.WAP2.0 的新业务与新应用［J］.通信世界,2001,12.

［65］刘瑞.触摸屏技术及其性能分析［J］装备制造技术,2010(3).

［66］沙青青.国外新媒体产业研究综述［EB/OL］.［2012 – 10 – 09］.http://www.istis.sh.cn/list/list.aspx?id=6356.

［67］张丽华.北卡罗来纳州州立大学图书馆在校园设立巨大触摸屏终端和中心［J］.图书情报工作动态,2010(9).

［68］王小旭.手机电视技术发展及基于 3G 的应用探讨［J］.通信世界,2005,12.

［69］韩强.手机电视技术及应用探析［J］.现代电视技术,2006,7.

［70］于峰.手机电视离我们还有多远——浅析中国手机电视技术发展趋势与产业环境［J］.当代通信,2007,12.

[71] 杨邦朝,张治安.触摸屏产业及材料市场现况[J].新材料产业,2003(1).

[72] 叶有全.新型信息传播媒体影响分析[J].科技广场,2007(10).

[73] 行业数据:2011年第4季度中国手机阅读活跃用户突破3亿[EB/OL].[2012-10-29].http://www.enfodesk.com/SMinisite/maininfo/articledetail-id-313051.html.

[74] 毕晓梅.国外新媒体研究溯源[J].国外社会科学,2011(3).

[75] 尹韵公.中国新媒体发展报告[M].北京:科学出版社,2011.

[76] 刘玲玲.对数字电视网络公司商业运营的思考[J].现代经济信息,2012(8).

[77] 2012年国内IPTV用户将超越2500万[EB/OL].[2012-01-25].http://www.davinfo.com/article/2012/01/a203214.html.

[78] 互联网正在改变电视收视习惯[EB/OL].[2012-10-29].http://otv.lmtw.com/Manalysis/201204/77021.html.

[79] 庞卫国.上海三种IPTV模式发展前景分析[J].世界电信,2006(2).

[80] 王效杰.青岛模式全面解析 佛山模式浮出水面 数字电视与青岛模式——广电总局科技司司长王效杰在2004'北京国际广播电视周数字电视论坛上的发言[J].广播电视信息,2004(5).

[81] 伍桦.杭州青岛大连数字电视的现状及前景[J].法制与经济,2006(1).

[82] 杨向明.基于IPTV技术的全国文化共享工程基层服务网点建设研究——以河南为例[J].图书馆杂志,2008(6).

[83] 福建布局互动电视模式[EB/OL].[2011-04-29].http://info.broadcast.hc360.com/2010/06/281423248339.shtml.

[84] 交互数字电视在中国的发展[EB/OL].[2012-10-29].http://www.lxgdj.com/dianshizhinan/2/2009-08-10/6699.html.

[85] 关于CNMO[EB/OL].http://www.cnmo.com/webcenter/about.html.

[86] 薛松.各大运营商短信收入今年首降[EB/OL].http://www.cctime.com/html/2012-12-5/20121251343186328.htm..

[87] 刘兵.WAP协议及其应用[J].电脑学习,2006(1).

[88] 肖全钦,刘明军,刘悦.手机二维码的研究[J].金卡工程,2008(2).

[89] Web 3.0——The Best Official Definition Imaginable[EB/OL].http://novaspivack.typepad.com/nova_spivacks_weblog/2007/10/web-30-the-a.html.

[90] 胡瑜熙,郑毅.三网融合发展现状探讨[J].电讯技术,2008,48(5).

[91] 沙青青.日本移动新媒体特点概述[EB/OL].[2012-10-29].http://www.istis.sh.cn/list/list.aspx?id=6354.

[92] 互联网[EB/OL].http://baike.baidu.com/view/6825.htm.

[93] 高静.互联网信息资源的开发与利用——看不见的网站[J].科技情报开发与经济,2007,14(17).

[94] Ian Crosby.触摸屏技术的发展[J].电子与电脑,2011(4).

[95] 海胜利.新媒体时代的大众阅读与公共图书馆对策[J].图书馆工作与研究,2010(12).

[96] 张芳宁.新媒体视角下图书馆的信息服务[J].新世纪图书馆,2011(8).

[97] 李高峰.国外图书馆多元文化服务:理念、实践与模式[J].图书馆建设,2009(11).

[98] 全国人民代表大会常务委员会.中华人民共和国著作权法,2010.

[99] 5141课题组.知识产权法学词典[M](第二版).北京:北京大学出版社,2008.

[100] 李明德,许超.著作权法[M].北京:法律出版社,2003.

[101] 石磊.新媒体概论[M].北京:中国传媒大学出版社,2009.

[102] 宫杰.浅谈广电传输网络的发展趋势[J].有线电视技术,2006,10.

[103] 韦乐平.三网融合与IPTV的发展和挑战[J].电信科学,2006,7.

[104] 绍坤. 互联网电视的发展及对传统电视业的影响[J]. 新闻界,2011(2).

[105] 胡凤文. 浅谈数字移动电视[J]. 才智,2010,12.

[106] 杨向明,寿晓辉. 全媒体时代图书馆建设与服务创新——以杭州数字图书馆"文澜在线"为例[J]. 河南图书馆学刊,2012,1(32).

[107] 谢丰奕. 发展中的上海有线数字电视[J]. 卫星电视与宽带多媒体,2004,18.

[108] 汪非,郭军,左子端等. 有线数字电视图书馆的设计与实现[J]. 广播与电视技术,2011,8.

[109] 常州日报. 省首家电视图书馆——常州电视图书馆7月开播[N/OL]. [2013-05-10]. http://www.changzhou.gov.cn/art/2011/6/27/art_23_165252.html.

[110] 维基百科. 移动终端[EB/OL]. [2013-05-10]. http://zh.wikipedia.org/wiki/%E7%A7%BB%E5%8A%A8%E7%BB%88%E7%AB%AF.

[111] 百度百科. 短信[EB/OL]. [2014-03-06]. http://baike.baidu.com/view/9420.htm.

[112] 百度百科. 彩信[EB/OL]. [2014-03-06]. http://baike.baidu.com/view/6835.htm.

[113] 孟勇. 基于WAP的移动图书馆系统的设计与实现[J]. 现代情报,2010,9(30).

[114] 刘辉. 移动视频简介. [EB/OL]. [2012-06-04]. http://www.yesky.com/453/1932953_1.s html.

[115] 毕厚杰. 新一代视频压缩编码标准——H.264/AVC(第1版)[M]. 北京:人民邮电出版社,2005.

[116] 中国物品编码中心. 二维条码技术与应用[M]. 北京:中国计量出版社,2007.

[117] 李英,卫迎辉,赵冰. RSS技术在图书馆个性化服务中的应用研究[J]. 情报科学,2012,6.

[118] 王惠,王树乔. SNS应用于图书馆2.0服务初探[J]. 图书馆学研究,2010,6.

[119] 百度百科. Wiki[EB/OL]. [2014-11-20]. http://baike.baidu.com/view/737.htm.

[120] 吴汉华,王子舟. 从"Web 3.0"到"图书馆3.0"[J]. 图书馆建设,2008(4).

[121] 潘庆超. Web 3.0下的信息服务探析[J]. 图书馆理论与实践,2010(4).

[122] 黄润. Web 3.0及其对图书馆的应用展望[J]. 图书馆学刊,2009(6).

[123] RSS订阅地图[EB/OL]. [2014-11-20]. http://www.sdll.cn/plus/rssmap.html.

[124] 刘新斌. 红外触摸屏技术[J]. 多媒体世界,1995(9).

[125] 马卫东,李幼平. 数据广播传输体系结构研究[J]. 计算机工程与应用,2001(24).

[126] 李幼平,荆玲. 广播网帮助互联网——通信广播因存储而走向融合[C]. 第八届全国互联网与音视频广播发展研讨会(NWC2008),2008.4.

[127] 陈桂菊,郭春侠. Web信息自动标引方法研究[J]. 图书馆学研究,2010(19).

[128] 高杨,李幼平. UCL理念及其系统设计[J]. 电视技术,2001,2.

[129] 周智雁. 3G直播系统在电视新媒体中的应用[J]. 电视技术,2011,16(35).

[130] 百度百科. 富媒体[EB/OL]. [2014-11-20]. http://baike.baidu.com/view/184217.htm.

[131] 罗斌. 网络传播中的自媒体研究[J]. 新闻世界,2009,2.

[132] 唐凯捷. DRM——三网融合版权保护正当时[J]. 电视技术,2011,6.

[133] 张鑫. IPTV中数字版权管理系统的设计与实现[D]. 武汉:武汉理工大学,2011.

[134] 吴志红,吴智慧,熊伶俐. MPEG系列标准特点及其发展趋势分析[J]. 科技信息,2007,17.

[135] 方健. 新一代视频压缩标准算法与研究应用[D]. 杭州:浙江大学,2008,4.

[136] 唐丽娜. 网络环境下数字图书馆信息资源整合研究[D]. 青岛:中国海洋大学,2009.

[137] Bittorrent[EB/OL]. http://bitconjurer.org/BitTorrent,2003.

[138] Transport of MPEG-2 TS Based DVB Services over IP Based Networks, ETSI TS 102 034 V1.3.1. Europe DVB,2007[Z].

[139] Albert J. Stiensra. Technologies for DVB services on the Internet[J]. Proceedings of the IEEE,2006,1(94).

[140] Home Platform (MHP) Specification 1.1.1, Multimedia ETSI TS 102 812 V1.2.1,2003-06.

[141] A Graphics Architecture for High-End Interactive Television Terminals, PABLO CESAR, PETRI VUORI-MAA, and JUHA VIERINEN, Helsinki University of Technology, ACM Transactions on Multimedia Computing, Communications and Applications, 2006, 11(4).

[142] Greenstein, Daniel I. Thorin, Suzanne Elizabeth. The Digital Library: A Biography. Digital Library Federation (2002) ISBN 1933645180. The Digital Library: A Biography[C/OL]. [2014 – 10 – 08]. http://surface. syr. edu/cgi/viewcentent. cgi? article = 1018& amp; context = sul.

[143] Vittore Casarosa. DELOS——Reference Model for Digital Libraries[EB/OL]. [2009 – 02 – 20]. http:// elag2007. upf. edu/papers/casarosa. pdf.

[144] L. Candela et al. The DELOS Digital Library Reference Model – Foundations for Digital Libraries[C/OL] Version 0. 98, 2008, 2.

[145] ISO/IEC 13522 – 5 MHEG – 5 Information technology-Coding of multimedia and hypermedia information: Support for Base-Level Interactive Applications[Z].

[146] Digital Terrestrial Television MHEG – 5 Specification, Version 1. 06 Revised: 15 May 2003[Z].

[147] R. Bradbury, R. Cartwright, J. Hunter, et al. Portable Content Format: a standard for describing an interactive digital television service R&D White Paper WHP 134, May 2006[EB/OL]. [2014 – 11 – 20]. http:// downloads. bbc. co. uk/rd/pubs/whp/whp-pdf-files/WHP134. pdf.

[148] Authentication of Subscribed Interactive Services on Set Top Boxes, Brunel University, U. K, Beijing University of Posts & Telecommunications, China, 2006. 12. 4.

[149] Digital TV Hacks, BBC R&D White Paper WHP 127 December 2005[EB/OL]. [2014 – 11 – 20]. www. bbc. co. uk/rd/pubs/whp/whp-pdf-files/WHP127. pdf.

[150] Interactive Content Format Issues in ATSC(US Digital TV Standards), Aninda DasGupta Philips Research Briarcliff Manor, NY add@ philabs. research. philips. com[EB/OL]. [2014 – 11 – 20]. www. w3. org/Architecture/1998/06/Workshop/paper40/slides. ppt.

[151] Web 3. 0 is About Intelligence[EB/OL]. [2014 – 11 – 20]. http://bub. blicio. us/web-30-is-about-intelligence/.

[152] Web 3. 0 Roundup: Radar Networks, Powerset, Metaweb and Others[EB/OL]. [2014 – 11 – 20]. http:// novaspivack. typepad. com/nova_spivacks_weblog/2007/02/web_30_roundup_. html.

[153] ITU-T. Recommendation H264 Advanced Video Coding for Generic Audio visual Services. Rec. H. 264 and ISO/IEC 14496 – 10 Version 11, 2009[Z].

[154] ITU-T and ISO/IEC. Generic Coding of Moving Pictures and Associated Audio Information-Part2: Video. ITU-T Rec. H. 262 and ISO/IEC 13818 – 2(MPEG – 2 Video), 1994[Z].

[155] ISO/IEC. Generic Coding of audio-visual objects-part2: visual. 14496 – 2(MPEG – 4 Video), 1999[Z].

附录　国家图书馆新媒体服务调研报告

1　调研背景

新媒体技术发展日新月异,使人们获取知识信息的方式极大丰富,也给图书馆服务大众的方式和手段带来革命性创新。近年来,国家图书馆积极探索新媒体技术与图书馆服务的契合点,致力于利用形式丰富的新媒体终端为广大读者用户提供更多的资源内容与服务,推出了一系列基于新媒体平台的服务形式。为进一步了解读者用户对现有新媒体服务状况的反馈,以及对未来图书馆新媒体服务形式的需求,特进行本次新媒体服务调研。

2　调研方法

为提高调研结果的精确性和价值,我们采用定向调研方法,选择使用过国家图书馆新媒体服务或有使用新媒体服务倾向的到馆读者作为调研对象,进行问卷调查。

3　样本数量

本次调研,共收集有效问卷231份。

4　问卷分析

4.1　样本特征分析

样本特征分析分为性别、年龄、现居地、学历及职业背景5个方面。

本次调研面向国家图书馆到馆读者进行,因此被访者现居地基本以北京为主。由图1可以看出,被访者性别分布基本平衡;图2显示,被访者年龄分布主要集中于21至30岁,可见新

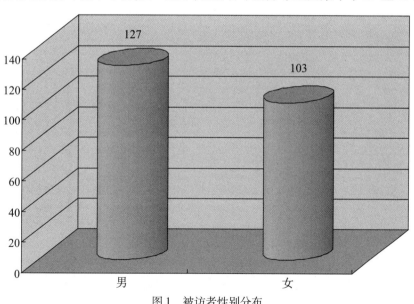

图1　被访者性别分布

媒体服务在青年读者中的普及度和接受度要高于其他年龄群体;图3显示,本科及以上学历的被访者占样本总数的76%以上,表明新媒体服务形式更容易被高学历群体接受;图4显示,本次调查被访者以学生和专业技术、科研人员为主,总体来看基本覆盖各行各业,说明调研结果具备代表性和参考价值。

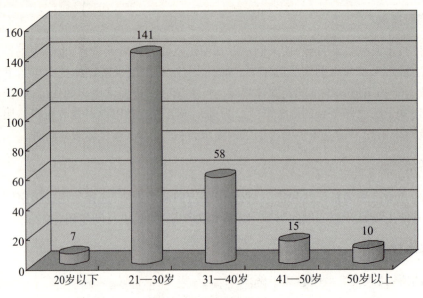

图2 被访者年龄分布

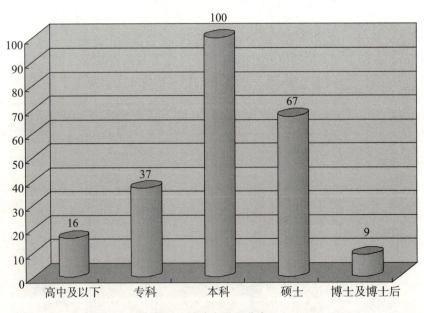

图3 被访者学历分布

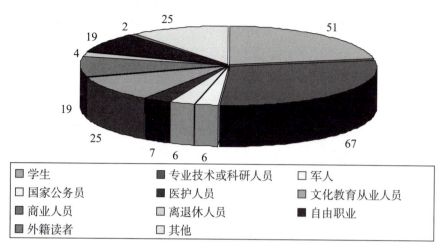

图4　被访者职业分布

图例：
- ■ 学生
- ■ 专业技术或科研人员
- □ 军人
- □ 国家公务员
- ■ 医护人员
- ■ 文化教育从业人员
- ■ 商业人员
- ■ 离退休人员
- ■ 自由职业
- ■ 外籍读者
- □ 其他

4.2　被访者获取知识信息的主要来源

由图5可知,被访者获取知识信息的来源较为丰富,涵盖传统方式和新媒体服务各个类型,其中网络新闻、资讯已经成为最主要来源,图书馆的数字资源也在信息获取中占据重要地位。传统方式不再是用户获取知识信息的唯一来源,网络资讯、图书馆数字资源成为知识获取重要途径,说明新媒体服务已经具备较成熟的用户基础。

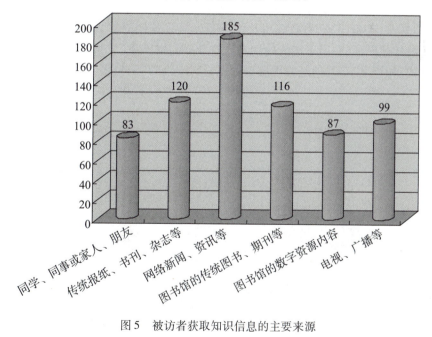

图5　被访者获取知识信息的主要来源

4.3 用户获取国家图书馆信息的主要途径

图6显示,用户获取国家图书馆的信息主要通过到馆查询和国图网站两种方式,手机、电视等方式使用率较低,可见国家图书馆在国图网站之外的新媒体终端所提供的服务,还未被受众广泛接受。

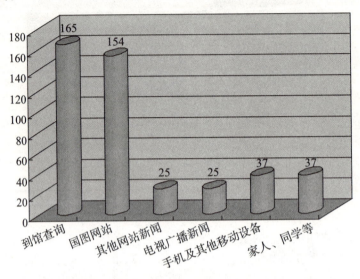

图6 被访者获取国家图书馆信息的主要途径

4.4 被访者体验过的新媒体服务方式

由图7可以看出,被访者中使用过国图网站的用户比例高达82%;触摸屏和"国图空间"使用率也较高;手机服务、APP应用及手持阅读器服务使用率暂时还处于较低位置。国图网站经过数年建设,已积攒下庞大的用户人群和较高点击率,成为国家图书馆新媒体服务最突出的方式;相比之下,其他新媒体服务方式,由于推出时间较短,还需要进一步拓展用户空间。

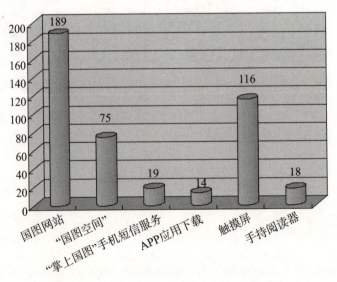

图7 被访者体验过的国家图书馆新媒体服务

4.5　被访者对于国家图书馆服务方式的倾向性

由图8可以看出,计算机与互联网已经超越传统的到馆查询成为用户享受国家图书馆服务的首选途径;但交互电视、手机等新型服务方式尚未真正被受众接受,有待进一步发展与完善。

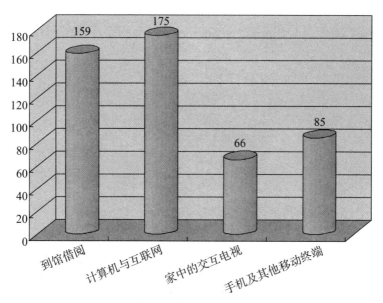

图8　被访者倾向于以何种方式接受国图的服务

4.6　被访者对国图新媒体服务宣传与推广的满意度

由图9的数据表现来看,被访者对于国家图书馆新媒体服务的宣传与推广满意度较低,只有11%的被访者认为宣传与推广做得"不错""经常听到相关介绍",近38%的被访者从未或很少听到相关推广介绍,可见新媒体服务的宣传与推广力度尚需进一步加强。

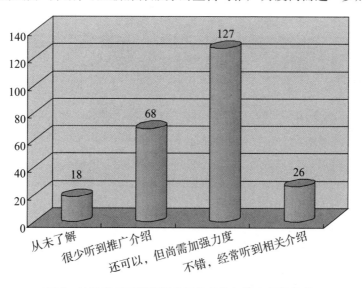

图9　被访者对国图新媒体服务宣传与推广的满意度

4.7 被访者对于新媒体服务宣传与推广的建议

鉴于以上被访者对国图新媒体服务宣传与推广满意度的数据表现,我们就如何加强宣传与推广征询被访者意见,现将主要意见归纳如下:

(1) 通过互联网平台进行宣传推广,如门户网站、微博、豆瓣等;

(2) 通过公交、地铁等移动媒体进行宣传推广;

(3) 与社区、高校、科研院所合作,借助实地宣传活动、校园网或社区论坛等形式进行宣传与推广;

(4) 户外广告投放及纸质宣传品发放;

(5) 与平面媒体、广电部门以及中国移动、联通等运营商展开合作,借助多方平台进行宣传推广,尤其需要注重手机短信的宣传推广应用;

(6) 建立地方分馆,以分馆为据点展开全国各地的宣传与推广;

(7) 通过定期举办专题活动、展览、讲座的形式进行宣传与推广。

4.8 被访者是否希望国图推出更多的新媒体服务方式

图 10 表明,绝大部分被访者愿意接受更多的新媒体方式。新媒体服务方式的拓展与发展有较大的用户空间。

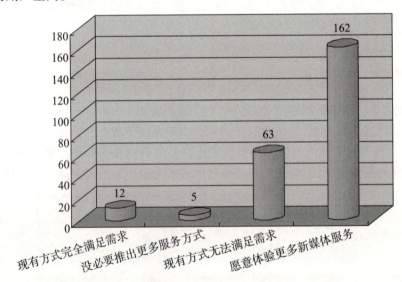

图 10 被访者是否希望国图推出更多的新媒体服务方式

4.9 被访者希望增加的新媒体服务形式

(1)移动媒体终端的信息服务;

(2)基于飞信、微博、豆瓣的信息服务;

(3)将交互电视服务推广到更多地区;

(4)丰富 APP 应用;

(5)面向普通人群的有声读物服务;

(6)展览、视屏等支持 3D 浏览。

值得一提的是,除上述建议之外,很多被访者所提及的"手机短信服务""馆外数据库查询服务""APP 应用服务""电视服务"等,是国家图书馆已经推出了的新媒体服务形式,但被访者却不知晓因而也未曾使用,由此也折射出现有新媒体服务形式的宣传与推广力度的不足,使我们的服务不能有效到达有需求的用户。

另外,部分被访者认为,现有的新媒体服务形式已经较为丰富和全面,增加新媒体服务的必要性不大,应该着力于完善和推广现有服务形式。

4.10　被访者对"国图空间"数字电视服务的关注度

图 11 的数据体现了被访者对"国图空间"数字电视服务的关注度较低,"经常收看"的被访者比例仅为 5%,近 26.5% 的用户对于该服务"完全不了解";34% 的被访者虽然知道此项服务却从未关注过。由此可见,下一阶段在完善现有数字电视服务内容的基础上,有针对性的宣传与推广是重中之重:完善现有服务可以维持和巩固现有用户,宣传与推广可以将轻度用户发展为忠诚用户,更重要的是培养和吸引潜在用户。

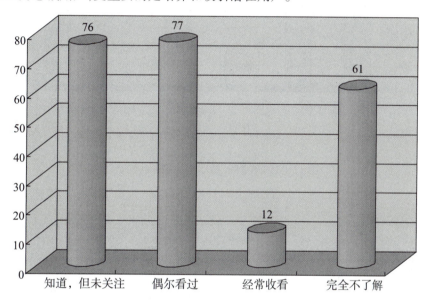

图 11　被访者对"国图空间"数字电视服务的关注度

4.11　"国图空间"数字电视服务的优点及满意度

在调研中,调研者向未关注或完全不了解"国图空间"的被访者详细介绍了此项服务的主要内容和服务方式,使未曾使用过的被访者也可以在大致了解服务情况后对"国图空间"数字电视服务方式的优点及满意度做出评价。

图 12 揭示了数字电视服务的优点,如图所示,方便快捷和信息量大,是被访者认为"国图空间"所具备的主要优势,此外对于传统文化的传播也被认为是数字电视服务的重要优点。根据此调研结果,在数字电视服务的未来建设中,建设者可以注重保持和发扬现有优势,同时努力加强其他方面的建设。

图 13 表现被访者对现有电视资源内容的满意度,如图所示,认为需求未得到充分满足的用户比例高达 65%。在下一阶段的建设中,建议以用户调研为基础,进一步完善资源内容。

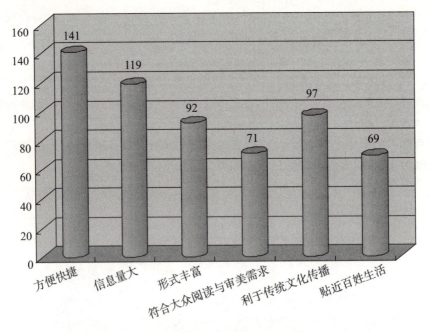

图 12　"国图空间"数字电视服务的优点

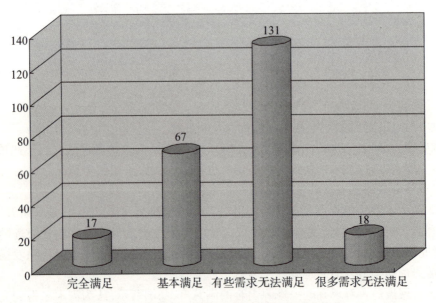

图 13　被访者对现有电视资源内容的满意度

4.12　被访者希望国家图书馆通过新媒体形式所提供的服务

由图 14 可以看出,被访者对于各项服务内容的选择基本均衡,其中以图书在线阅读和专题、讲座类视频内容最多。在用户的其他建议中,主要呼吁图书馆提供专家解惑、有声读物及论坛服务。

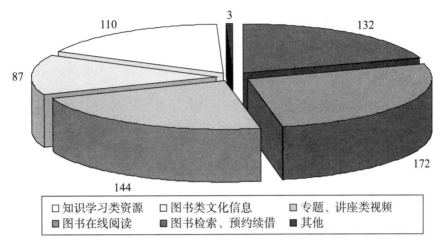

图 14　希望国家图书馆通过新媒体形式所提供的服务

4.13　被访者希望国家图书馆通过新媒体服务方式提供的内容

如图 15 所示,信息资讯和专业书籍是被访者最喜闻乐见的资源内容。

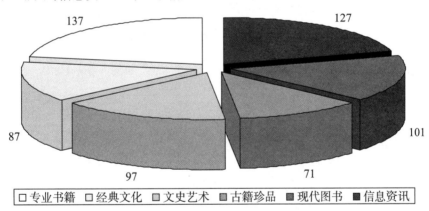

图 15　希望国家图书馆通过新媒体形式所提供的内容

4.14　被访者对于收费服务的态度

如图 16 所示,绝大部分被访者对于收费服务均表示可以考虑或能够接受,可见在服务内容能够满足用户需求的基础上,收费是可以考虑采取的服务方式。关于资费标准,根据大部分被访者的意见,可将月资费控制在 30 元左右,也可采取根据浏览量收费的形式。

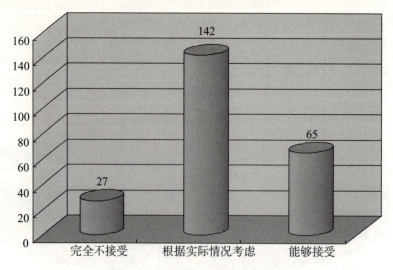

图 16　被访者对于收费服务的态度

4.15　被访者希望通过收费方式获得的内容

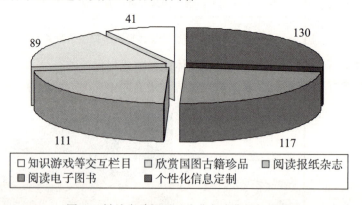

□ 知识游戏等交互栏目	□ 欣赏国图古籍珍品	■ 阅读报纸杂志
■ 阅读电子图书	■ 个性化信息定制	

图 17　被访者希望通过收费方式获得的内容

　　在收费方式的基础上,"个性化信息定制"成为最受被访者欢迎的内容,体现了用户对于个性化、针对性服务的需求;此外,电子书和报纸杂志的阅读也明显受到用户青睐。

4.16　被访者对中国残疾人数字图书馆网站的浏览度

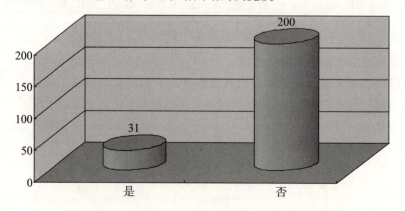

图 18　被访者对中国残疾人数字图书馆网站的浏览度

由于此次调研是面对国家图书馆到馆读者展开,受访的 231 位读者中没有残障读者,因此对于服务针对性较强的中国残疾人数字图书馆网站浏览度很低。

4.17　被访者了解中国残疾人数字图书馆网站的渠道

在 231 位被访者中,虽然浏览过中国残疾人数字图书馆网站的用户很少,但大多数被访者表示曾经通过各种途径了解到该网站。

由图 19 可知,馆员推荐是被访者了解该网站的最主要途径。馆员推荐的方式针对性较强、互动性好,但推广辐射面小,效率较低,下一阶段应加强网络、新闻、搜索引擎等方面的推广。

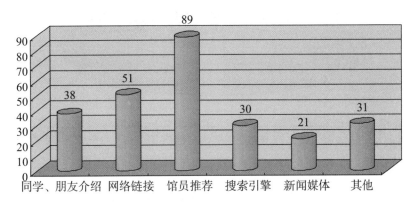

图 19　被访者了解中国残疾人数字图书馆网站的途径

4.18　被访者对于中国残疾人数字图书馆网站所提供的资源与服务的建议

图 20 显示,大多数被访者认为中国残疾人数字图书馆网站应该为残障人士提供职业技能培训、医学保健类的资源与内容,此建议充分考虑到了残障人士的需求,具备现实参考价值。另外,被访者还认为,网站应该提供心理辅导、自防自救安全知识,援助信息、就业信息、励志故事等内容,

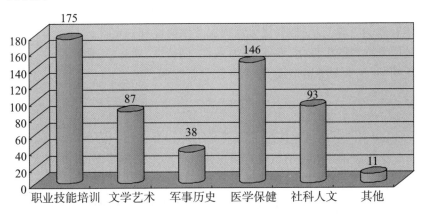

图 20　被访者对于中国残疾人数字图书馆资源与服务的建议

4.19　被访者建议开展的面向残障人士的新媒体服务应用

主要包含以下几个方面:

(1)盲用触摸屏、手持阅读器及手机服务;

（2）电视服务；

（3）残障人士交流论坛；

4.20 被访者关于在线读书活动的建议

如图 21 所示，名家在线讲座是最受被访者欢迎的在线读书活动内容，同时，听电影和读书沙龙也是可以考虑建设的服务内容。此外，被访者还认为，在线读书活动应该提供经济类知识交流会、外文图书阅读等内容。

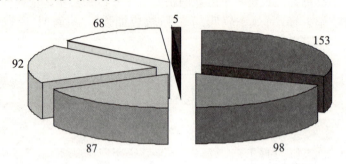

□ 好书榜单评选 □ 听电影 ▨ 经典图书诵读会 ▨ 读书沙龙 ▨ 名家在线讲座 ■ 其他

图 21 被访者关于在线读书活动的建议

4.21 被访者对于国家图书馆新媒体服务的意见和建议

被访者根据自身需求和现有新媒体服务的使用感受，对于国家图书馆新媒体服务提供了多方面的意见和建议，可归纳如下：

（1）密切关注新技术发展，积极利用新技术开展服务；

（2）完善现有服务形式，如数字电视服务、手机服务；

（3）积极开展面向残障人士、少儿等特殊人群的服务，开发适用于特殊人群的服务终端和服务形式；

（4）加强宣传与推广，加强地方性服务，使更多用户能够了解和使用国家图书馆的服务；

（5）搭建有效的资源共享机制，优化远程服务便捷性和稳定性；

（6）提高服务内容的个性化、专业性、时效性、创新性、互动性、趣味性；

（7）优化网速，扩大服务覆盖面，提高资源更新频率。

5 结语

本次调研以国家图书馆新媒体服务的现有用户和潜在用户为调研对象，在明确用户特征的基础上，广泛收集用户对图书馆现有新媒体服务形式的使用反馈，并深入咨询用户对新媒体服务未来发展的意见和建议，调研结果具有广泛的真实性和代表性。

调查显示，在 21 至 40 周岁的较高学历人群中，新媒体服务形式已经得到普遍接受和认同，网络新闻和资讯超越传统书刊报纸成为人们获取知识信息的首要途径，同时用户对国家图书馆推出的各项新媒体服务均有一定使用度，并对新媒体服务的未来发展抱有较高热情，表明新媒体服务已经具备较为成熟的用户基础，其发展前景和空间势必良好。同时，调研也揭示出当前所存在的问题和不足。首先，用户对国家图书馆新媒体服务的选择呈现明显的单一化，突出集中于国家图书馆网站服务，而对数字电视、手机等其他服务形式涉猎较少；其次,用户对国家图书馆新媒体服务的整体满意度不高,资源内容未能充分满足用户需求;第三,新媒体服务的宣传与推广力度明显不足,已经推出的服务没有与用户需求达成有效对接,资源的低使用率与用户需求得不到满足的状况并存,服务效率和效益亟待提高。

　　本次调研结果将为今后服务政策的制定、服务内容的调整提供客观翔实的依据。我们将切实根据用户需求改进服务方式,丰富资源内容,加大信息咨询和专业书籍类资源比重;以用户为中心,以个性化定制为基础,提高新媒体服务指向性;借助互联网、广电、移动终端等多种媒体优势,结合线上宣传与线下活动,大幅度加强新媒体服务推广力度,使服务内容有效到达有需求的受众;及时追踪应用新技术,寻求图书馆常规服务和新媒体技术的完美契合点,使图书馆新媒体服务方式不断推陈出新,满足用户日益增长的文化需求。

WH/T 64 – 2014 电子连续性资源元数据规范

定价:20.00 元　　出版时间:2015 – 12

WH/T 52 – 2012 管理元数据规范　　　　　　　　定价:60.00 元　　出版时间:2013 – 04

WH/T 46 – 2012 图像数据加工规范　　　　　　　定价:60.00 元　　出版时间:2013 – 04

WH/T 47 – 2012 图书馆数字资源统计规范

定价:40.00 元　　出版时间:2013 – 04

以上系列图书盗版严重　请从正规渠道购买

地址:北京市西城区文津街 7 号

邮编:100034

电话:010 – 66126153;66114536;66151313;88003146

传真:010 – 66121706

网址:www. nlcpress. com